GUIA PARA LA ELABORACION DE UN ESTUDIO DE MERCADO

I.- INTRODUCCIÓN. 4

II.- ¿QUÉ ES UN ESTUDIO DE MERCADO? 5

II.1.- DEFINICIÓN DE ESTUDIO DE MERCADO. 6
II.2.- OTROS CONCEPTOS CLAVES 7
II.2.1.- PÚBLICO OBJETIVO O TARGET GROUP 7
II.2.2.- SEGMENTACIÓN DEL MERCADO 8
II.2.3.- VARIABLES DE SEGMENTACIÓN. 10

III.- ¿PARA QUÉ SIRVE UN ESTUDIO DE MERCADO? 14

III.1.- UTILIDAD DEL ESTUDIO DE MERCADO 15
III.2.- UTILIDAD EN FUNCIÓN DEL CICLO DE VIDA DEL PRODUCTO Y DE LA EMPRESA. 15
III.2.1.- FASE DE LANZAMIENTO. 15
III.2.2.- FASE DE CRECIMIENTO Y MADUREZ 19

IV.- ¿CÓMO SE HACE UN ESTUDIO DE MERCADO? 27

IV.1.- DEFINICIÓN DEL PROBLEMA. 29
IV.2.- ANÁLISIS PREVIO DE LA SITUACIÓN ACTUAL. 30
IV.2.1.- ANALISIS INTERNO 30
IV.2.1.1.- ANALISIS DE RECURSOS PROPIOS Y DISPONIBLES. 30
IV.2.1.2.- ANALISIS DE COSTES. 32
IV.2.1.3.- EL MARKETING MIX. 32
IV.2.1.3.1.- ANALISIS DEL PRODUCTO 33
IV.2.1.3.2.- ANALISIS DEL PRECIO 33
IV.2.1.3.3.- ANALISIS DE LA POLITICA DE COMUNICACIÓN. 33
IV.2.1.3.4.- ANALISIS DE LA DISTRIBUCION. 33
IV.2.1.4.- DETERMINACION DEL MERCADO POTENCIAL 34
IV.2.1.5.- ESTUDIO DE ACTITUDES Y EXPECTATIVAS DEL PUBLICO OBJETIVO 36
IV.2.2.- ANALISIS EXTERNO. 37
IV.2.2.1- ANALISIS DEL SECTOR Y DEL MERCADO DE REFERENCIA 38
IV.2.2.2.- INDICE DE SATURACIÓN DEL MERCADO POTENCIAL. 40
IV.2.2.3.- ANÁLISIS SOCIOECONÓMICO DEL MERCADO POTENCIAL 41
IV.2.2.4.- EXPECTATIVAS DEL MERCADO Y CICLO DE VIDA DEL PRODUCTO. 42
IV.2.2.5.- ANÁLISIS ESTERTÉGICO DE LA COMPETENCIA. 45
IV.3.- ANÁLISIS DAFO 46
IV.3.1.- DEBILIDADES. 47
IV.3.2.- AMENAZAS. 47
IV.3.3.- FORTALEZAS 47
IV.3.2.- OPORTUNIDADES 48
IV.4.- DEFINICIÓN DE OBJETIVOS 49

V.- TÉCNICAS DE ELABORACIÓN DE UN ESTUDIO DE MERCADO. 50

V.1.- SEGÚN LA PROCEDENCIA DE LOS DATOS. 51
IV.1.1.- FUENTES PRIMARIAS. 51
IV.1.2.- FUENTES SECUNDARIAS. 54
V.2.- SEGÚN LA TIPOLOGÍA DE LA INFORMACIÓN A OBTENER. 59
V.2.1.- TÉCNICAS CUANTITATIVAS. 60
V.2.1.1.- ENCUESTAS. 60
V.2.1.2.- PANELES 62
V.2.2.- TÉCNICAS CUALITATIVAS. 62
V.2.2.1.- OBSERVACIÓN DIRECTA. 63
V.2.2.2.- ENTREVISTA EN PROFUNDIDAD. 65
V.2.2.3.- REUNIONES EN GRUPO 67
V.2.3.- CONCLUSIONES. 69

VI.- ESQUEMA DE ELABORACIÓN DEL ESTUDIO DE MERCADO. 72

VII.- DOCE REGLAS DE ORO. 73

VIII.- RELACIÓN DE FUENTES SECUNDARIAS. 74

IX.- GLOSARIO DE TÉRMINOS. 76
X.- BIBLIOGRAFÍA RECOMENDADA. 80

I.- INTRODUCCIÓN.

El Centro Europeo de Empresas e Innovación de Ciudad Real, CEEI Ciudad Real, es una Fundación sin ánimo de lucro dedicada a promover la actividad empresarial y la creación de empleo, proporcionando asistencia técnica para la creación y puesta en marcha de proyectos empresariales de carácter innovador.

CEEI Ciudad Real inició su actividad en septiembre de 1997, con el compromiso de sus promotores de poner en marcha un eficiente instrumento de innovación, bajo los auspicios de la Dirección General de Políticas Regionales de la Comisión Europea, D.G. XVI, según el modelo establecido de CEEIs.

Los objetivos de CEEI Ciudad Real se centran en canalizar las iniciativas emprendedoras, a través de la creación de empresas innovadoras y eficientes, fomentar la diversificación y la modernización de las pequeñas y medianas empresas y contribuir a la mejora del tejido industrial y empresarial, todo ello como instrumento de creación de riqueza y empleo.

Nuestros servicios de asesoramiento y acompañamiento en la definición, creación y puesta en marcha nuevas empresas y de desarrollo de empresas en funcionamiento, están orientados a proporcionar a emprendedores y empresarios todos los elementos y herramientas necesarios para definir un proyecto empresarial sólido, realista y viable, a través de la tutoría para la realización del Plan de Empresa.

Por este motivo, queremos proporcionar herramientas de valor añadido, entre las que se encuadra esta guía de apoyo, sobre "**COMO HACER UN ESTUDIO DE MERCADO"**, con la que pretendemos transmitir la importancia de apoyar las decisiones empresariales en la información que nos suministra el mercado, información que se obtiene a partir de los datos obtenidos a través de la elaboración del correspondiente estudio de mercado.

Es necesario y extremadamente importante para un emprendedor o un empresario, antes de poner en marcha un nuevo proyecto empresarial, realizar una investigación comercial, un estudio de mercado para comprender la situación y necesidades del mercado, para poder enfocar el negocio y tener, de esta manera, mayores probabilidades de éxito.

Así mismo, en esta guía se dan las pautas de cómo elaborar un estudio de mercado y se recogen las técnicas más comunes de investigación de mercados, junto a una serie de anexos en donde se recogen fuentes secundarias de investigación de mercados, bibliografía y un diccionario de los términos técnicos que con más frecuencia se utilizan.

Desde CEEI CIUDAD REAL esperamos que esta guía sirva para cumplir todos estos objetivos y posibilitar el éxito de todos los proyectos empresariales.

II.- ¿QUÉ ES UN ESTUDIO DE MERCADO?

Los objetivos de este capítulo son:

- Definir el concepto de Estudio de Mercado y en que consiste.
- Hacer reflexionar al emprendedor, detenidamente, en la descripción del público al que se va a dirigir y recordarle que "no hay mejor forma de fracasar que dirigirse a nadie en especial y a todos por completo".
- Enseñar a los usuarios de la guía, a través de distintos ejemplos prácticos, no sólo, qué es un estudio de mercado, sino en qué momentos les puede ser de utilidad su uso, para cada una de las fases de un producto o de una empresa.
- Introducirle en la metodología de elaboración de un estudio de mercado.

En definitiva:

"PENSAR ANTES DE ACTUAR"
"ESTUDIAR ANTES DE HACER"

II.1.- DEFINICIÓN DE ESTUDIO DE MERCADO.

Ante esta pregunta, podemos afirmar sin demasiados preámbulos que la respuesta se encuentra claramente contenida en la propia pregunta. Es algo tan sencillo como esas dos palabras: "Estudiar", ¿qué cosa?, "el mercado". Y nada más. Y por supuesto nada menos.

Más adelante, en las próximos puntos a tratar, como el de ¿Para qué sirve?, veremos con más claridad la finalidad de este tipo de investigaciones.

Cuando hablamos de Estudios de Mercado estamos hablando de una investigación en toda regla, en algunos casos con verdaderas connotaciones que les hace tener cierta similitud con el periodismo de investigación.

Esta guía está diseñada precisamente para que sea de utilidad a aquellos emprendedores que estén alimentando la idea de iniciar un negocio al que le suponen unas buenas perspectivas económicas y de futuro, con no poca ilusión, y en muchos casos con recursos financieros limitados, de forma que por sí mismos lleven a cabo ciertas indagaciones que les pueden ser de gran utilidad, ayudándoles a evitar o a ponderar con más realismo ciertos riesgos que conlleva el inicio de toda actividad, sobre todo aquellas que requieren de gran esfuerzo económico.

BÚSQUEDA SISTEMÁTCA DE INFORMACIÓN PARA APOYAR LA TOMA DE DECISIONES

Y aquí hemos dado con otra de las palabras clave: "suponen". Porque suponer no es saber, ni siquiera para los más avezados maestros de la ingeniería financiera, ni de las ciencias en cualquiera de sus especialidades.

Suponer es sencillamente especular con una serie de posibilidades sobre la ocurrencia de un hecho, como puede ser los buenos resultados comerciales de una empresa que nos hemos propuesto poner en marcha. Suponer en muchas ocasiones, consiste en que basándonos en nuestra intuición, nuestra experiencia profesional, y en muchos casos nuestra carga de ilusión (cuidado con esto último), demos por hecho que dichas posibilidades de éxito son elevadas.

II.2.- OTROS CONCEPTOS CLAVES.

II.2.1.- PÚBLICO OBJETIVO O TARGET GROUP.

Debemos averiguar, definir y concretar quienes van a ser nuestros futuros clientes "o el también denominado "TARGET GROUP" o PÚBLICO OBJETIVO. Es decir, si nos vamos a dirigir a hombres o a mujeres trabajadoras, amas de casa, con hijos o sin hijos... El nivel de renta de nuestro público, si es alto, medio o bajo,...

En definitiva, debemos concretar el perfil de nuestros potenciales clientes, para, más adelante, perfeccionarlo al definir el segmento de mercado al que pertenece nuestro público.

Además, debemos averiguar más datos de nuestro mercado potencial. Algunas cosas de gran importancia para el futuro de nuestro negocio, por ejemplo:

- **Cuál es su volumen, en número**. Esto dependerá de si nos dirigimos a un mercado local, provincial, nacional, internacional, etc. y por supuesto, del tipo de público objetivo consumidor de nuestra oferta.
- **Cómo está repartido actualmente el consumo entre los diferentes competidores de nuestro negocio**. A esto se le llama distribución de las cuotas de mercado.
- **Cual es el grado de satisfacción de dicho público objetivo** con los actuales suministradores del producto que queremos ofertar.
- **Cuál es la percepción del precio que consideran equivalente, es decir, el que están dispuestos a desembolsar por nuestros productos o servicios.**
- **Cuál es el coste de cambio de suministrador, suponiendo que nuestra oferta fuese percibida como más interesante por algunos de ellos**. Hay que tener en cuenta que este coste no siempre es medible en términos económicos. En muchas ocasiones, coste se mide en términos conceptuales o psicológicos, de cambio de hábitos, de tiempo, etc.

Y a todos estos factores o variables podríamos añadir algunos "cruces" entre ellos, como por ejemplo:

- Cuántos (numéricamente) estarían dispuestos a pagar un precio algo superior al percibido como equivalente, a cambio de aportarles unas prestaciones adicionales de las que actualmente carecen estos productos.

O bien la inversa:

- Cuántos estarían dispuestos a cambiar su actual suministrador (por nosotros, evidentemente), a cambio de ofertarles el mismo producto por un precio ligeramente por debajo del equivalente, suprimiéndoles algunas prestaciones que los propios consumidores consideran como irrelevantes.

Y así podríamos realizar otras combinaciones, que una vez estudiadas comparativamente y aplicando una buena dosis de sentido común, nos permitirían enfocar la política de producto y de precio de una forma mucho más rentable para nuestra actividad inicial.

Cada uno de estos ejemplos son temas posibles de investigación que requieren una metodología determinada, al fin y al cabo son problemas posibles que necesitan de soluciones alternativas.

La respuesta a todas estas preguntas, o al menos algunas de ellas, nos ayudará a conocer mejor el mercado en el que nos estamos moviendo y sobre todo qué parte podemos "captar" del mismo.

II.2.2.- SEGMENTACIÓN DEL MERCADO.

La segmentación del mercado trata de concretar las características concretas que posee nuestro "Target Group".

Cuando hablamos en el punto anterior del Público objetivo y del Mercado Potencial, indicábamos que éste último podía estar determinado por la demarcación territorial de nuestro mercado, o sea, si vamos a dirigirnos a una sola población, a una comarca, a una provincia, a una región, a una nación, a la UE, etc.

Esto no es difícil de ver, puesto que depende básicamente de nuestra capacidad productiva y del tipo de producto. De hecho es lo primero que se plantea un empresario a la hora de plantearse hasta donde piensa intentar llegar físicamente con sus productos. Si tan sólo fuera esa la premisa a tener en cuenta para medir el mercado potencial, sólo tendríamos que dirigirnos a la oficina más próxima del Instituto Nacional de Estadística o a través de Internet, y averiguar cual es el censo de la población de la zona geográfica deseada.

Pero existe otra variable que es tan importante como la anterior, y es el tipo de público objetivo. Este grupo, que se denomina también "Nicho de mercado", consiste en la selección que hacemos de posibles consumidores de nuestros productos en base a una serie de variables, que a continuación comentaremos.

Precisamente el nombre de "Nicho" viene dado porque, dentro de un universo amplio que abarcaría la totalidad de la población, comenzamos a segmentar desde diferentes ángulos hasta formar como una especie de pequeño (o no tan pequeño) cajón que contiene al grupo de individuos que comparten una misma serie de valores de diferentes variables, o sea una serie de características comunes, quedando fuera todo el resto de población.

Por ejemplo:

Nuestro nicho de mercado puede ser el siguiente: Mujeres de edades comprendidas entre los 25 y 40 años, de ingresos familiares comprendidos entre los 24.000 y los 42.000 euros anuales, residentes en poblaciones de más de 50.000 habitantes pero de menos de 500.000, residentes en zonas frías, húmedas y lluviosas de España.

Aquí hemos utilizado, además del delimitador geográfico "España", hasta cinco variables distintas de segmentación, como son: sexo, edad, nivel económico, hábitat urbano y hábitat climatológico.

La razón es muy sencilla. El fabricante de estos productos, que es una Pyme que comercializa abrigos impermeables para señora de diseño, con un precio medio alto, tiene que saber en qué lugares debe distribuir su producto, que tengan un tamaño suficiente para que sea rentable su distribución y almacenaje pero no tan grandes que requieran aumentar en exceso su capacidad productiva, sobre todo teniendo en cuenta que la empresa desea ir haciéndose un hueco entre los comerciantes y consumidores mediante prestigio, y seriedad en el servicio. Es necesario, además, que sus clientes finales sean personas con capacidad adquisitiva suficiente.

Por último los lugares escogidos deben contar con una climatología adecuada a el tipo de prenda de vestir específica, pues de lo contrario nadie, salvo por alguna extravagancia personal, adquirirá el producto por carecer de utilidad.

Todo esto parece obvio, o "de cajón", y nunca mejor dicho, puesto que nuestro nicho de mercado tiene precisamente esa forma si lo vemos reflejado en un gráfico tridimensional. Y sin embargo, no todos los empresarios que inician su actividad se plantean seriamente analizar este punto, porque presuponen que ya conocen con cierta aproximación la situación del mercado al que van a dirigirse.

Desgraciadamente esas suposiciones no siempre coinciden con la realidad de ese mercado. Incluso se han dado casos en los que la empresa ha fracasado simplemente por no ponderar adecuadamente el mercado potencial, o lo que es más previsible: Por no haberse dirigido al segmento de mercado que más se adecuaba a sus productos.

II.2.3.- VARIABLES DE SEGMENTACIÓN.

Aunque las variables utilizadas pueden ser muchas, y si dispusiéramos de toda la información del mundo podríamos afirmar sin rubor que cuantas más variables tengamos, más cerca de nuestro cliente potencial estaremos, tenemos que plantearnos que lo práctico es trabajar con unas pocas variables, tres o cuatro a lo sumo. Vamos a llevar a cabo un trabajo que podamos asumir con facilidad y que nos permita obtener conclusiones claras con un esfuerzo que podamos asumir sin que nos desborde. No hay que profundizar más allá de lo que nuestros medios nos permiten, por ahora.

No obstante, por si alguien tiene especial interés en conocer más variables de las que se pueden llegar a utilizar en estudios especializados, indicamos una lista de las más usuales:

- SEXO.
- EDAD.
- ESTADO CIVIL.
- TAMAÑO DE LA FAMILIA.
- NIVEL ECONÓMICO.
- NIVEL ACADÉMICO.
- HABITAT URBANO (Rural, urbano, gran metrópoli).
- HABITAT CLIMATOLÓGICO (Zonas húmedas, secas, calurosas, frías, cálidas, etc.).
- HABITAT URBANISTICO (Vivienda unifamiliar, piso, centro de ciudad, urbanización, etc.).
- OCUPACION (parado, operario manual, técnico, administrativo, directivo, etc.).
- AFICIONES (deportivas, intelectuales, etc.).
- HABITOS DE COMPRA (Periodicidad, lugares de compra, etc.).

La lista se puede alargar más si incluimos variables menos conocidas como pueden ser ideología política, religión, actitudes diversas (medioambientales, cívicas,...). Precisamente, ese tipo de informaciones ya requieren de niveles más complejos de investigación, complican enormemente el estudio, y consecuentemente sólo se deben acometer cuando se dispone de los medios y del asesoramiento profesional adecuados.

Por ejemplo:

Imaginemos que en un tranquilo pero humilde barrio de las afueras de la ciudad instalan con gran esfuerzo e ilusión por parte de su propietario, una bonita tienda de ropa de diseño con unos precios que exceden la economía media de los habitantes de ese barrio.

En el llamativo escaparate cada día se pararán a observar los modelos expuestos muchas personas realmente admiradas de los atractivos diseños que se ofrecen. La aceptación del público es innegable. Muchos vecinos, al encontrarse casualmente con el propietario del establecimiento le felicitarán sinceramente por el buen gusto que demuestra tener en los productos que exhibe en su establecimiento.

Sin embargo muy pocos de ellos podrán permitirse el capricho de adquirir las prendas que allí se exponen, sencillamente porque su poder adquisitivo no se lo permite. Las escasas ventas apenas servirán para ir sufragando parte de los gastos, y el propietario del negocio tendrá muy pocas perspectivas de recuperar el dinero invertido.

Finalmente deberá optar por una de estas tres posibilidades:

A) Trasladar el negocio a otro barrio con un mayor nivel de ingresos medios familiares, con el consiguiente gasto y volumen de inversión que dicha operación conlleva.

B) Cambiar el nivel de calidad de los productos, con el consiguiente riesgo de defraudar a los hasta ahora admirados convecinos.

C) Sencillamente cerrar el negocio.

Cualquiera puede pensar: Bueno, esto era algo fácilmente previsible, el establecimiento no se encontraba ubicado en una zona de la ciudad acorde con su categoría.

Pues bien, podría ser previsible pero hasta cierto punto. Posiblemente el entusiasmo del dueño del negocio le haría concebir ilusiones respecto a su mercado potencial que sobrepasaban la capacidad de absorción de éste. Este ejemplo parece muy evidente, pero lo cierto es que constantemente están cerrando negocios por causas similares.

Pero por si aún albergamos dudas sobre la importancia de llevar a acabo un Estudio previo, imaginemos ahora un mercado mucho menos visual y predecible, como por ejemplo el de los posibles compradores de los abrigos impermeables de diseño que utilizamos en otro ejemplo anterior. O el mercado potencial de una empresa dedicada a la elaboración de quesos artesanos de gran calidad.

¿Decidirá el mercado adquirir nuestros productos en cantidad suficiente como para que nuestra empresa sea viable?

En definitiva, los Estudios de Mercado son de una gran utilidad y nos ayudan a evitar graves errores de costosa rectificación una vez cometidos.

CUALQUIER EMPRESA, SEA CUAL SEA SU TAMAÑO,

NECESITA Y DEBE REALIZAR UN ESTUDIO DE MERCADO

III.- ¿PARA QUÉ SIRVE UN ESTUDIO DE MERCADO?

Evidentemente parte de esta pregunta ya ha sido respondida en el capítulo anterior, al explicar en qué consiste un Estudio de Mercado. Se han visto algunas razones por las que siempre que se desee iniciar una actividad empresarial, de cualquier índole, es de gran importancia realizar un estudio de mercado, naturalmente, proporcional al tipo de negocio que se va a emprender.

Es mucho más sencillo el estudio que hay que llevar a cabo para decidir dónde ubicar la tienda de prendas de vestir del ejemplo anterior, o dicho de otro modo, qué clase de tienda de prendas de vestir debo instalar en un barrio determinado, que estudiar la viabilidad de la empresa que va a comercializar los abrigos impermeables de diseño por toda la geografía nacional. Pero en ambos casos hay que tomarse el trabajo de llevarlo a cabo, y de hacerlo o no puede depender el éxito de nuestra iniciativa empresarial.

Pero existen otras muchas situaciones en todo el entorno empresarial que requieren de la realización de un estudio previo. Aquí vamos a mencionar algunas de ellas explicándolas brevemente, pero es importante que se vea el amplio espectro de situaciones en las que resulta recomendable y más que necesario el uso del Estudio de Mercado.

Los objetivos de este capítulo son:

- Enseñar la utilidad del estudio de mercado.
- Estudiar el papel de la investigación de mercados a lo largo del ciclo de vida del producto y de la empresa.
- Ejemplificar cada etapa, a partir de posibles problemas a desarrollar.
- Que el emprendedor, mediante la ilustración de ejemplos, compruebe la eficacia y practicidad de una política continua de Investigación comercial o de mercados.

EL ESTUDIO DE MERCADO NOS AYUDA
A ESCOGER Y TOMAR
EL CAMINO MÁS ADECUADO

III.1.- UTILIDAD DEL ESTUDIO DE MERCADO.

El estudio de mercado nos facilita la toma de decisiones empresariales. Nos ayuda a escoger la alternativa más acertada. Aumenta nuestra probabilidad de éxito.

III.2.- UTILIDAD EN FUNCIÓN DEL CICLO DE VIDA DEL PRODUCTO Y DE LA EMPRESA.

Lo mismo que las personas tienen diferentes necesidades conforme avanzan por las diferentes etapas de la vida: niñez, adolescencia, madurez y vejez, con las empresas ocurre lo mismo, de ahí que en cada etapa de la vida se vea necesario un tipo de investigación diferente.

Expondremos primero algunos ejemplos de estudios que son cruciales a la hora de comenzar un negocio, o lo que es lo mismo investigaciones comerciales propias de la infancia o etapa de lanzamiento bien de la empresa o bien del producto. A continuación ilustraremos otros ejemplos qué reflejan estrategias no tanto de lanzamiento sino de crecimiento y madurez del producto.

Todas estas preguntas, no se pueden contestar por intuición, debemos estudiarlas seriamente y ver que responde nuestro mercado. Más adelante estudiaremos las técnicas para hacerlo.

III.2.1.- FASE DE LANZAMAIENTO.

Esta es la "infancia" de un producto. El producto apenas se ha puesto en marcha. Las cosas se desarrollan con rapidez. Es un periodo crucial, en el que al igual que pasa con un niño, el futuro del producto está fuertemente influido por lo que aquí ocurra.

El estudio de mercado en este caso sirve para concentrarse en temas tan importantes como los que detallamos a continuación:

- ¿Tendrá éxito el concepto de productos que tenemos?
- ¿Será comparado mejor, peor o igual que el de nuestra competencia?
- ¿Cumplirá las expectativas de nuestros clientes?
- ¿Gustará su nombre? ¿y el color? ¿y el envase?,...

Para averiguarlo contamos con diferentes herramientas como son:

¾ **PRUEBAS DE CONCEPTO**.

- ¿Tiene el concepto un atractivo lo suficientemente amplio como para tener éxito?
- ¿A qué segmentos del mercado, atrae más?
- ¿Cuáles de los beneficios que proporciona son los más llamativos para los compradores potenciales?

¾ **PRUEBAS DEL PRODUCTO.**

- ¿Es el producto tan bueno como creemos? -
¿Cómo se compara con la competencia?

¾ **CUMPLIMIENTO DEL CONCEPTO.**

- ¿Qué expectativas tiene el producto en los clientes? ¿las satisface?

¾ **PRUEBAS DE NOMBRE.**

- ¿Gusta el nombre a mi público objetivo? ¿Qué les sugiere? ¿coincide con lo que queremos sugerir? ¿es corto, memorable y de fácil lectura?

¾ **PRUEBAS DE ENVASE.**

- ¿Es atractivo? ¿Cómodo? ¿práctico? ¿de fácil manejo? ¿de fácil transporte? ¿moderno?

¾ **INVESTIGACION DE PUBLICIDAD.**

- ¿Cuál es la estrategia elegida para lanzar el producto? -
¿Cuáles son los medios de difusión oportunos?
- ¿Qué concepto general pretendemos difundir?
- ¿Qué posicionamiento le vamos a dar al producto?
- ¿Con qué presupuesto contamos?

¾ **PRUEBAS DE SEGUIMIENTO.**

- ¿Con qué medios contamos para realizar pruebas de seguimiento que nos indiquen el funcionamiento del plan?

Cualquiera de estas preguntas pueden ser objeto de una investigación comercial o estudio de mercado de carácter inicial, basta con saber las técnicas adecuadas para poder realizarlas y tener información objetiva, para poder tomar la decisión más adecuada.

Por ejemplo:

Supongamos el caso de un joven emprendedor que decide montar un restaurante, tiene pensado el nombre que lo va a diferenciar respecto al resto, la ubicación física, la organización interna, la política de precios, la política de productos, la política de comunicación e incluso la selección de proveedores.

Teóricamente es un emprendedor con base para iniciar su proceso de lanzamiento. Ha decidido en función de lo que pensaba que podía ser mejor para su empresa.

Sin embargo, analizando su situación, veríamos que ha cometido errores importantes y decisivos para la buena marcha del negocio. El primero no ha dejado claro a quién se dirige, ya que en principio piensa que "no habrá diferencias" se dirige a todo el mundo.

¡Craso error! Las variables decisivas no son las anteriormente mencionadas, son el conjunto de todos los factores tanto controlables como no controlables que hacen que se escapen los menos "detalles posibles". Nuestro joven emprendedor debe tener muy claro el "concepto de su negocio", debe aportar diferencias clave respecto a la competencia, para ello tiene la obligación de investigarla, al igual que tiene el deber de contrastar todo lo que piensa con el mercado al cual se dirige.

Supongamos que rectifica, estudia la competencia y observa que casi todo es "más de lo mismo", decide aportar ventajas competetivas claves por lo que crea un restaurante temático basado en el cine español de los años 60, dirigido precisamente a ese segmento del mercado, hombres y mujeres de los años 60 aficionados al cine español. ¡muy bien! ¿público objetivo? Definido; ¿mercado? Seleccionado; ¿concepto? Claro y diferente

Avanzamos en nuestro plan de lanzamiento y nuestro emprendedor, ahora bien guiado por asesores del CEEI, decide dejar plasmado en un documento todo lo que ha pensado, de forma que le ayude a materializar perfectamente la idea inicial y sus transformaciones a través de las mejoras.

En definitiva, a realizar un "plan de marketing" inicial que le permita aclarar conceptos y ver las alternativas que existen dentro de cada una de las variables.

Nuestro joven empresario, bien aconsejado, no comienza su plan de acción, hasta que no contrasta lo expuesto en el plan de marketing con su mercado clave.

De esta forma mediante las técnicas que más adelante mostraremos, decide escoger una muestra representativa de personas entre 34 y 44 años y probar con ellos las siguientes variables:

El nombre elegido y otras alternativas posibles; el lugar seleccionado para su enclave comercial, la distribución física del local, la campaña publicitaria que dará nacimiento al proyecto, su eslogan comercial, su concepto particular basado en la temática del cine español, la carta gastronomica con comidas típicas de España (divididas en autonomías) en fin todo aquello susceptible de opiniones varias que reduzcan el margen de error de este potencial emprendedor.

Por tanto queda claro con este ejemplo que en el proceso de lanzamiento de un producto, se debe estudiar con sumo detalle todo aquello que afecte al éxito o fracaso del mismo, sin olvidarnos nunca de la percepción de nuestro público objetivo, siempre influida por la competencia del sector al que pertenezca el nuevo negocio.

Por tanto no hay que olvidar nunca, que debemos pensar antes de hacer, y después de pensar debemos contrastar si lo que pensamos está bien o mal pensado.

Para terminar este epígrafe recuerde que si va a lanzar un producto nuevo, o va a montar su propia empresa, nunca recurra al ¡más de lo mismo! Si lo hace, le será mucho más difícil competir en un mundo de iguales.

III.2.2.- FASE DE CRECIMIENTO Y MADUREZ.

- ¿Necesitará nuestro producto, algún cambio o modificación?
- ¿Sería bueno ampliar nuestro mercado?
- En caso de ampliar ¿qué ampliaríamos? ¿nuestro segmento? o ¿nuestro mercado en sentido de expansión geográfica?
- Nuestros objetivos no se cumplen ¿cuáles son las causas?
- ¿Deberíamos potenciar nuestra imagen corporativa?

Para contestar todas estas preguntas, podemos realizar distintos tipos de estudios:

¾ **PARA LLEVAR A CABO UNA MODIFICACION SUSTANCIAL DEL PRODUCTO O SERVICIO.**

Las Empresas evolucionan, los productos tienen sus ciclos de vida, los avances de la tecnología influyen en los hábitos de los consumidores, la moda repercute en los diseños y en las costumbres del público, y sobre todo, las economías de escala y la evolución de los sistemas productivos obligan a las empresas a modificar sus productos o servicios.

Estos cambios, unas veces son de simple formato por razones de moda, con lo que basta con renovar el diseño exterior, pero en otras ocasiones el cambio se ha de aplicar a la propia esencia del producto. Y también puede ocurrir por propia decisión de los directivos o dueños de la empresa, que deciden apostar por una innovación o una idea que les motiva y les hace suponer que les permitirá mejorar su cuota de mercado.

Esto es aplicable no sólo a los productos manufacturados, sino a todos los ámbitos del mundo empresarial.

Por ejemplo:

¿Qué ocurriría si al personarnos en una empresa de seguros descubriéramos que el mobiliario corresponde al utilizado en los años 50, que todavía se están usando máquinas de escribir mecánicas y que los administrativos utilizan calculadoras manuales?.

Posiblemente volveremos a salir por la misma puerta y buscaremos inmediatamente una aseguradora cuyas oficinas tengan un aspecto más actualizado, y en la que sus empleados dispongan de ordenadores e

impresoras para hacer su trabajo.

Sin embargo, los cambios no siempre tienen la aceptación por parte del mercado que habíamos supuesto, y cuando esta aceptación es baja o incluso negativa (porque no se trata de introducir un nuevo producto junto al que ya había, sino de sustituir uno bien aceptado por otro que no ofrece las mismas prestaciones).

Existen cambios de imagen, de marca, de formato de presentación, entre otros y todos ellos implican un Estudio de Mercado previo y un gran esfuerzo económico en marketing para deshabituar al público de la anterior imagen y sustituirla por una nueva. Esto ocurre principalmente cuando se trata de grandes marcas cuya imagen está muy extendida y que por razones comerciales o a veces legales (fusiones, absorciones, etc.) se ven obligadas a cambiar.

Pero también existen cambios de producto, cambios sustanciales.

Ejemplo práctico:

Supongamos que una empresa distribuye vinos de mesa por la provincia desde hace algunos años manteniendo un mercado estable que le permite obtener unos beneficios razonables sin excesivas inversiones. Sin embargo se empieza a detectar que las ventas de vino van disminuyendo progresivamente año tras año de forma cada vez más acentuada.

El dueño de la empresa, que observa a diario las costumbres de sus conciudadanos comprueba que casi todos los consumidores de su marca son personas de 50 años de edad en adelante.

Tras pensarlo detenidamente decide que va a sustituir su producto por otro más adaptado a los gustos actuales, cuyos costes de cambio en el sistema productivo sean escasos.

Se reúne con sus técnicos y llegan a la conclusión que lo único que pueden elaborar sin tener que llevar a cabo grandes inversiones son derivados del mismo tipo de vino, como la sangría y similares.

Por lo tanto se realizan los cambios oportunos en la cadena de producción y comienzan a elaborar sangría, distribuyéndola por los mismos canales utilizados hasta el momento.

¿Qué puede ocurrir? Bien pues aunque no tenemos una bola de cristal en la mano, podemos afirmar que la empresa se está embarcando en una aventura a ciegas en la que el éxito no está garantizado en absoluto y el fracaso conllevaría el cierre definitivo de la empresa por problemas financieros.

El propietario de la empresa, además de analizar sus acertadas observaciones personales debería haber realizado un estudio sobre las diferentes alternativas de producción, sus costes y viabilidad, porque de entrada existen varias incógnitas. Veamos algunas de ellas:

- ***¿Es realmente sangría lo que está demandando el consumidor más joven de su provincia que es el que se desea captar como cliente?.***
- ***¿Son adecuados los canales de distribución que está utilizando?.***
- ***¿Qué problemas habría y qué costes supondría inicialmente el cambiar su mercado actual y distribuir su producto en mercados muy receptivos del mismo, como por ejemplo en zonas turísticas?.***
- ***¿Sería factible hacer un esfuerzo inversor en proveedores, elaboración y marketing, mejorar notablemente la calidad de sus vinos, cambiar la imagen actual y dedicarse a mercados más exigentes?.***
- ***Y tanto en uno como otro caso ¿Qué posicionamiento tendría respecto a la competencia en los correspondientes mercados?***

Todo esto, es lo que le respondería un Estudio de Mercado, con más exactitud cuanto más elaborado estuviera. Y con casi total seguridad la opción elegida permitiría salvar la empresa, los puestos de trabajo y, posiblemente, iniciar un proceso de crecimiento que en las circunstancias actuales es impensable.

En definitiva, cuando un empresario se plantea un cambio de cierta envergadura, el Estudio de Mercado le permite llevarlo a cabo con un alto grado de certeza en sus decisiones.

¾ PARA INICIAR UN PROCESO DE EXPANSION EN EL MERCADO.

A veces los directivos de las empresas, razonablemente motivados por una buena gestión económica, deciden invertir en ampliar su mercado.

Esto quiere decir que van a aumentar su capacidad productiva, van a cambiar o aumentar de canales de distribución y, probablemente, van a realizar un gasto en campañas promocionales para dar a conocer sus productos y/o su marca en los nuevos mercados a los que se van a dirigir.

En definitiva, van a intentar establecerse en un mercado hasta ahora ajeno a sus productos o servicios y lo pueden hacer por dos caminos principalmente:

- Ampliando su área geográfica de comercialización.
- Entrando en segmentos del mercado nuevos para la empresa.

- CRECIMIENTO POR EXPANSIÓN GEOGRÁFICA.

En el primer caso existen muy poderosas razones para investigar la situación del mercado desconocido. Incluso dentro de un mismo País o Estado se dan diferencias de renta, de hábitos de consumo, de posicionamientos de la competencia,... que pueden hacer variar enormemente la percepción de nuestro precio, de nuestros servicios, y de una serie de factores en suma, que debemos valorar antes de presentarnos por las buenas con la convicción intuitiva de que si en el mercado actual nos ha funcionado de maravilla y hemos crecido por encima incluso de lo esperado, lo mismo va a ocurrir en la nueva zona geográfica.

Por ejemplo:

Un conocido ejemplo de esto es lo que ocurrió cuando una conocida marca de café soluble decidió introducirse por primera vez en el mercado español, dando por hecho que iba a tener el mismo éxito de público que en el resto de Europa y USA.

De hecho organizó la distribución correctamente e inicialmente utilizó la misma campaña promocional que le había funcionado correctamente en el resto de países, argumentando la facilidad y ahorro de tiempo que suponía el preparar el café de forma instantánea. Pues bien, el fracaso del nuevo producto fue estrepitoso.

Un estudio de mercado bien realizado reveló que el error estaba en el enfoque de la campaña.

Los consumidores de café españoles, además de ser muy exigentes con el sabor del producto acostumbraban a tomarlo sin prisas, y lo asociaban al descanso y a la tertulia, mucho más que el resto de los europeos.

La empresa, una solvente compañía multinacional debió replantearse las campañas publicitarias y cambió totalmente el enfoque de las mismas, así como añadir algunas variantes en el catálogo del producto para acercarlo más al gusto de los consumidores españoles.

Esto pudo llevarlo a cabo la empresa multinacional gracias a su gran colchón financiero que le permitió asumir los costes de su error inicial sin demasiados problemas. Pero no todos los empresarios cuentan con ese respaldo económico. Y ese error podría haberse evitado con un sencillo estudio de mercado antes de introducirse en el mercado español.

- EXPANSIÓN POR AMPLIACIÓN DE NICHOS DE MERCADO.

Sería erróneo pensar que si se desea vender productos fuera del nicho de mercado actual, se debe tratar de convencer a toda costa a los consumidores de otro nicho de mercado diferente de las excelencias de mi producto.

Cada nicho de mercado requerirá una forma diferente y específica de presentación del producto o servicio, unas veces simplemente cambiando el formato y otras variando incluso elementos tan importantes como los parámetros de calidad, el precio, las prestaciones adicionales, etc.

<u>Por ejemplo:</u>

Para ilustrarlo un poco sigamos con el ejemplo de la empresa que se dedica a comercializar abrigos impermeables de diseño.

Puesto que sus resultados económicos en los dos últimos años se pueden calificar como excelentes, con beneficios por encima de las previsiones más optimistas, deciden invertir en producción, almacenaje, estructura comercial, etc. y optan por seguir vendiendo en las mismas zonas del país, pero dirigiéndose a otro segmento de mercado. Esta vez el nicho escogido será de menor poder adquisitivo, y aquí se plantean varias posibilidades.

Puesto que deben reducir costes para poder ofrecer el artículo a un precio más asequible, ¿De dónde se reducen? ¿Del diseño, que implica una más elaborada y costosa confección? ¿O de la calidad, dejando a un lado la impermeabilidad de la prenda para convertirla en un abrigo de uso corriente?

Cada una de estas opciones tiene sus ventajas e inconvenientes y así a primera vista la decisión no es fácil de tomar. Tan sólo un buen estudio previo del segmento de mercado al que piensan dirigirse les permitiría tener suficientes datos para tomar una decisión acertada.

Supongamos que el estudio está terminado y los directivos, ante los resultados del mismo deciden optar por la segunda opción, es decir, reducir costes en las prestaciones. Para ver el por qué de esta decisión, vamos a indicar algunas de las conclusiones a las que han llegado los expertos encargados de realizar el estudio:

- ***El diseño de la marca está obteniendo una buena acogida entre el público y cuenta ya con cierto prestigio en las zonas donde se distribuye.***
- ***La gente que más valora el producto, después de los consumidores habituales, es gente joven cuyo poder adquisitivo aún no es suficiente para adquirir el producto, pero sí podrían acceder a un modelo que resultara un 40% más barato.***
- ***El factor de impermeabilidad está valorado muy por debajo del diseño por este público.***
- ***En muchas zonas del país donde la lluvia no es un condicionante decisivo a la hora de comprar una prenda de abrigo ser valoraría muy positivamente el conjunto del producto por su diseño y calidad esenciales, sobre todo si se presentara como mínimo un 30 % más barato del precio que actualmente tiene.***

Las razones son evidentes:

- ***Se aprovecha y apuntala el prestigio de la marca al mantener el diseño que es el aspecto más valorado.***
- ***La reducción de costes permite abaratar en parte el precio final, y la reducción aplicada al margen comercial, que se verá compensada por el aumento de las unidades vendidas permite acercar el precio del producto al percibido como adecuado por el nuevo segmento de mercado. Además, al comienzo de la distribución se aplicará una política de precios de penetración.***
- ***Puesto que el segmento de mercado en un futuro a medio plazo dispondrá de poder adquisitivo para adquirir nuestro producto de gama más alta, estamos preparando el terreno para la fidelización de futuros clientes.***
- ***Estamos creando las condiciones para ampliar nuestro mercado geográficamente a otras zonas del país donde el producto sería bien recibido incluso incrementando un 10 % el margen comercial.***

¾ PARA DETECTAR LAS CAUSAS DE LAS DESVIACIONES ENTRE LOS OBJETIVOS COMERCIALES Y LAS VENTAS CONSEGUIDAS.

A medida que nos vamos familiarizando con la filosofía del Estudio de Mercado y sus prestaciones, podemos ver con más claridad que del mismo modo que nos facilita información crucial a la hora de anticiparnos a las acciones, o a la de tomar decisiones.

El estudio también nos permite actuar a posteriori, es decir, nos permite detectar las causas que están impidiendo que nuestras ventas no se correspondan con las esperadas, o que nuestra imagen no sea todo lo apreciada que desearíamos, u otro tipo de desviaciones.

No vamos a profundizar en este punto puesto que este manual está básicamente dedicado a emprendedores que inician su actividad, pero sí podemos afirmar que el mercado no es algo estático, sino todo lo contrario, es variable y a veces toma giros prácticamente impredecibles hasta para los mejores analistas.

Por ello la fotografía que se realiza en un momento dado del mismo puede haber variado en mayor o menor medida transcurridos seis meses por causas totalmente ajenas a la empresa. Y también puede ocurrir que la actuación de la empresa adolezca de algunos errores que le ocasionan la pérdida de cuota de mercado.

Los factores son tantos y tan variados que cada caso requiere una investigación a medida. Pero los profesionales del Estudio de Mercado, tras realizar los análisis previos, pueden diseñar el tipo de estudio que se requiere para averiguar las causas de los problemas que preocupan al empresario.

¾ PARA REALIZAR UNA CAMPAÑA PROMOCIONAL.

Este punto, aunque hay que contemplarlo dentro del plan de marketing de la Empresa, que no atañe al presente manual, creemos que es interesante mencionarlo dado el elevado coste y la importancia que, en la actualidad, se concede a la promoción de los productos o servicios, ya sea como impulsor del lanzamiento inicial, o para aumentar el volumen de ventas en cualquier momento del ejercicio económico.

De hecho la publicidad y las campañas promocionales de todo tipo forman parte de nuestra vida cotidiana y del presupuesto de gastos de muchas empresas.

Pero llegados a este punto simplemente tenemos que advertir al emprendedor principiante de que la efectividad de una campaña promocional de cualquier tipo depende directamente del **Plan de Marketing** (o Marketing Mix) que esté llevando a cabo la empresa y de los Estudios de Mercado realizados previamente para evaluar adecuadamente la percepción que existe de la misma y, por lo tanto, el tipo y la cuantía de promoción que hay que realizar.

Ya hemos comentado que el plan de marketing no es objeto del presente manual de orientación, pero en lo que se refiere a la cuantía y tipos de promoción, simplemente podemos afirmar que en muchas ocasiones las empresas mal asesoradas realizan gastos importantes en una publicidad que no les aporta los beneficios esperados, simplemente porque no era la adecuada para su situación y posicionamiento en el mercado. Es lo que popularmente se denomina como "Matar moscas a cañonazos".

En otras ocasiones lo que falla es precisamente el escaso presupuesto dedicado a la promoción. En este caso, si no se puede llevar a cabo correctamente una campaña por falta de presupuesto, es mejor utilizar el dinero disponible para otros fines que pueden ser de más utilidad, como mejorar la calidad del producto que sí que nos aportará beneficios aunque sea a más largo plazo.

También, en no pocas ocasiones, lo que falla es el enfoque de la publicidad o promoción.

Simplemente, para dar una idea a los lectores interesados en el tema diremos que la publicidad o cualquier tipo de promoción deben ser realizadas en las siguientes condiciones para que sea efectiva:

- Debe contar con un Estudio de Mercado previo.
- Debe formar parte de un Plan de Marketing.
- Debe utilizar los canales y medios adecuados y no otros.
- Debe durar el tiempo que sea necesario.
- Y realizar los gastos precisos, no más, pero tampoco menos, y por supuesto siempre disponga del presupuesto necesario.

Con estas premisas se puede deducir fácilmente que la publicidad no se debe hacer en ningún caso de forma intuitiva o por suposiciones, sino que hay que estudiar muy detenidamente el cómo y el cuánto para no malgastar unos recursos que nos van a ser muy necesarios para la buena marcha de nuestro negocio.

IV.- ¿CÓMO SE HACE UN ESTUDIO DE MERCADO?

Bien, hasta ahora hemos visto qué es y para qué sirve un Estudio de Mercado, confiando en que lectores del presente manual hayan llegado a la convicción de que realmente el Estudio de Mercado no es algo grandilocuente, que tan sólo resulta útil a las grandes corporaciones, y algo caro de elaborar, sino que se trata de una herramienta que puede tener diferentes niveles de actuación y, por lo tanto, de costes, resultando útil a, prácticamente, todas las actividades que se desarrollan en libre competencia, tengan el nivel económico que tengan, en cualquier ciclo de vida de un producto o de una empresa.

Llegados a este punto, vamos a explicar la metodología que se sigue para llevarlos a cabo.

En primer lugar y de forma gráfica daremos detalle de cómo establecer un proceso para elaborar un estudio de mercado que agilice, después, la consiguiente toma de decisiones, intentando lograr los siguientes objetivos:

- Descubrir al lector el proceso necesario para la realización de su estudio, según las siguientes fases:
    - Identificación del problema.
    - Análisis de la situación.
    - Análisis DAFO. Fijación de objetivos.
- Estudiar la técnicas más utilizadas para la elaboración de los estudio de mercado.

El esquema básico a seguir para realizar un estudio de mercado, de manera muy gráfica sería el siguiente:

1.- DEFINICIÓN DEL PROBLEMA.

- Qué queremos estudiar.
- Cuál es nuestro propósito.
- Qué queremos conocer.
- Cuál es el objetivo de investigación.

2.- ANALISIS PREVIO DE LA SITUACION ACTUAL.

- Interno.
- Externo.

3.- ANÁLISIS DAFO.

- Debilidades.
- Amenazas.
- Fortalezas.
- Oportunidades.

4.- DEFINICIÓN DE OBJETIVOS (Claros, Concretos y Realistas).

- Qué queremos conseguir.

5.- TIPO DE INFORMACIÓN DE LA QUE DISPONEMOS.

- Fuentes Internas (Primarias o Secundarias).
- Fuentes Externas (Primarias o Secundarias).

6.- ELECCIÓN DE LA MUESTRA.

- Definición del Público Objetivo.
- Quienes serán los que responderán a nuestro estudio, de entre todo el público objetivo existente.

7.- QUÉ TIPO DE TÉCNICAS UTLIZAREMOS.

- Cuantitativas.
- Cualitativas.

8.- RECOGIDA Y ELABORACIÓN DE DATOS.

9.- INTERPRETACIÓN DE DATOS.

10.- ELABORACIÓN Y PRESENTACION DEL INFORME FINAL.

IV.1.- DEFINICIÓN DEL PROBLEMA.

Antes de comenzar la investigación o el estudio, el empresario o futuro emprendedor deberá definir cuál es el problema que tiene. La palabra problema se utiliza en este caso en su más amplio sentido.

Así, se considera que una empresa tiene un problema cuando sus ventas han bajado en una región de España y se quiere averiguar cual es la causa. Pero también se considera que la empresa tiene un problema, cuando ha hecho una campaña publicitaria y quiere averiguar los resultados que ha obtenido.

En este último caso tendría un problema de falta de información, y en el primero un problema en el descenso en las ventas cuyas causas quiere averiguar.

Por ello, la primera fase de todo estudio es la definición del problema, procurando concretar su origen.

Así en el primero de los ejemplos que hemos puesto, habría que definir si el descenso de las ventas ha ocurrido en todas las regiones por igual o solamente en una de ellas, si el descenso ha sido de un 1%, un 10% o un 50%, desde cuando han comenzado las ventas a a descender, si ha sido una bajada brusca, paulatina etc.

En el segundo ejemplo que se ha puesto, habría que definir cuál ha sido la campaña qué se quiere evaluar, cuánto tiempo ha durado, en qué territorio se ha realizado ya que público objetivo se dirigía, qué es lo que se pretendía conseguir (conocimiento, comprensión o aceptación, y en qué grado) etc.

Por tanto la finalidad en esta primera fase es que el lector capte de forma adecuada lo que pretende conocer y, de esta manera pueda elaborar un planteamiento razonable. Así podrá ahorrar esfuerzos y recursos al centrarse en aquellos puntos que le resulten más interesantes en base al problema a estudiar.

IV.2.- ANÁLISIS PREVIO DE LA SITUACIÓN ACTUAL.

Se trata de centrarse en aquellos puntos que sean determinantes para estudiar el problema clave. Para ello recurriremos a estudiar internamente los factores controlables de la empresa, y externamente aquellos que no lo son, pero si que afectan o pueden afectar a la buena o mala marcha del negocio.

IV.2.1.- ANALISIS INTERNO.

IV.2.1.1.- ANALISIS DE RECURSOS PROPIOS Y DISPONIBLES.

Esta fase es fundamental, y en ella el emprendedor, lo primero que tiene que hacer es una estimación de sus recursos económicos, de la capacidad de financiación ajena, si dispone o no de algún inmueble que le pueda ser útil al negocio, si va a iniciarlo sólo o acompañado de otros socios, etc.

Esto ya lo sabe o por lo menos lo intuye cualquier emprendedor que esté madurando en su cabeza la idea o la manera de llevar a cabo la empresa que desea poner en marcha.

Probablemente cuenta con una buena dosis de experiencia profesional, parcial o completa de la actividad a realizar, como ocurriría por ejemplo con una persona que ha estado dedicándose durante varios años a trabajar como asalariado en el negocio de la hostelería y tras aprovechar la experiencia para aprender lo máximo posible de ella decide embarcarse en la aventura de dirigir un negocio de hostelería de su propiedad.

También puede ser que el emprendedor haya optado por una opción basándose en su formación académica, como por ejemplo el licenciado en Derecho que decide instalar su propio bufete.

Por último, existen algunos emprendedores que, basándose en experiencias ajenas de empresas que empezando desde poco han llegado hasta niveles de crecimiento importantes, inician su actividad con escasa experiencia y pocos conocimientos de la misma, lo cual no es la manera más adecuada de iniciar una actividad empresarial.

No deseamos desalentar a nadie que con toda la ilusión y el esfuerzo de su trabajo se proponen alcanzar una meta en el mundo empresarial, pero en todos los casos recomendamos que realicen un estudio de viabilidad económica y financiera del proyecto, con un planteamiento realista de su situación financiera, diseñando un par de escenarios a corto y medio plazo, con perspectivas optimistas y pesimistas para tener una visión mucho más amplia de las posibles situaciones que se puedan presentar en un futuro.

Este Plan de Viabilidad se debe basar en las previsiones de ventas realizadas a partir de los datos arrojados por el Estudio de Mercado, complemento sustancial del plan de viabilidad económica y más necesario cuanto más arriesgado sea el proyecto empresarial que deseamos iniciar, en cuanto a cantidad de recursos invertidos, nivel de desconocimiento del mercado potencial, etc.

Si bien junto al asesor financiero definiremos el Plan de Inversiones, cómo realizar los gastos de forma prudente y progresiva, cómo se pueden distribuir los beneficios, cómo recuperar el capital invertido invertido, cómo tener una saneada situación financiera, etc..., será a partir de los datos arrojados por el Estudio de Mercado, el que nos permita calcular el volumen de ventas previsto que vamos a conseguir, cifra clave de la que dependen todas las otras.

De ahí la gran importancia que tiene realizar un estudio de mercado previo, con el suficiente detalle y grado de realismo, en cuanto a la situación real del mercado.

Por último, señalar que es muy importante que tengamos una idea lo mejor formada posible de cómo es el mercado al que nos vamos a dirigir.

En este sentido, decir que el instinto comercial o en su defecto la conciencia comercial de todo empresario es un factor fundamental en la buena evolución de la empresa. El buen enfoque comercial se puede intuir, se puede adquirir mediante formación y experiencia o se puede incluso contratar. Pero sin él no hay posibilidad de negocio.

Por ello, hagamos lo que hagamos y por muy bien que lo hagamos y presentemos, tenemos que venderlo, de lo contrario será cualquier cosa menos un negocio.

IV.2.1.2.- ANALISIS DE COSTES.

Este punto va muy relacionado con el anterior. Antes de iniciar siquiera el estudio del plan de viabilidad, tenemos que tener una idea clara de lo que nos va a suponer económicamente la estructura de gastos fijos, el flujo de gastos variables, las inversiones y su amortización, etc.

Desde este manual tan sólo vamos a hacer una pequeña sugerencia: Cuando se están determinando las partidas presupuestarias que vamos a dedicar a cada uno de los apartados, vamos a dedicar algo inicialmente a una pequeña investigación del mercado. Y posteriormente, dentro de los gastos fijos, vamos a tratar de reservar algo para los gastos de comercialización y marketing, aunque sea a un nivel muy elemental.

Y posteriormente vamos a llevar a cabo una comprobación: Si nuestra empresa funciona correctamente y unos meses después de iniciada su andadura estamos razonablemente satisfechos de sus resultados, vamos a analizar, aunque sea de forma superficial y en modo más conceptual que numérico la rentabilidad de esas pequeñas partidas que dedicamos en su día a estudiar nuestro mercado, a promocionar nuestro producto y a comercializarlo.

Tal vez nos llevemos alguna sorpresa al descubrir que nos han aportado bastante más de lo que en un principio podíamos suponer.

IV.2.1.3.- EL MARKETING MIX.

Podemos definer el marketing Mix como el proceso de planificación y ejecución de la concepción del producto, fijación del precio, promoción y distribución de ideas, bienes y servicios para crear intercambios que satisfagan los objetivos de los individuos y de las organizaciones y, en definitiva, del mercado.

En el marketing mix entran por tanto en juego 4 variables fundamentales:

- PRODUCTO/SERVICIO.
- PRECIO.
- PROMOCIÓN.
- DISTRIBUCIÓN.

IV.2.1.3.1.- ANALISIS DEL PRODUCTO.

Test de concepto del producto, test de envase, test de marca y logotipo, atributos y beneficios percibidos, posicionamiento más adecuado, modificación y eliminación de características conceptuales, ...etc, son las preguntas más típicas que se plantean a la hora de analizar el producto, cualquiera de ellas o cualquiera de las que se están exponiendo pueden ser objeto propio y especifico de un estudio de mercado exclusivo de un problema a resolver.

IV.2.1.3.2.- ANALISIS DEL PRECIO.

¿Qué precio fijar? ¿por encima de la competencia? ¿por debajo? ¿a igual altura? ¿cómo percibe el precio nuestro futuro cliente? ¿qué margen deseamos tener, (siempre teniendo en cuenta el segmento al que nos dirigimos)? ¿se realizará alguna promoción de lanzamiento?.

IV.2.1.3.3.- ANALISIS DE LA POLITICA DE COMUNICACIÓN.

Investigación sobre el mensaje, estudio de la audiencia y soportes, selección del público objetivo, medida de la eficacia publicitaria, fijación del presupuesto de marketing y publicidad, etc.

IV.2.1.3.4.- ANALISIS DE LA DISTRIBUCION.

Elección del canal más adecuado, ubicación de los puntos de venta, selección de las rutas más rentables, estudios de colaboración con el distribuidor en la realización del merchandising (acciones comerciales en el punto de venta).

IV.2.1.4.- DETERMINACION DEL MERCADO POTENCIAL.

Cuando estuvimos comentando en el primer capítulo de este manual la necesidad de delimitar nuestro mercado potencial hubo algo que dimos por supuesto, y que evidentemente no debemos dejar al azar. Se trata de determinar cuales son los parámetros de segmentación de nuestro mercado potencial. (Aunque este punto no suele tratarse extensamente, en los estudios de mercado, propiamente dichos, ya que se supone que el emprendedor debe tener clara su clientela clave, en este caso lo haremos para el lector que inicie, con esta guía, su aventura empresarial).

Estuvimos hablando de la demarcación geográfica, y de una serie de variables como son la edad, el sexo, el nivel económico, etc., pero nos dejamos un tema importante por tratar, y es ¿Cómo determinamos a priori cuales son los variables y sus correspondientes valores para un producto o servicio?

Aquí entramos en un terreno que se acerca más al terreno estrictamente profesional en los estudios de mercado, porque la determinación de a quién va a ir dirigido nuestro producto es algo fácil cuando aparece claramente enfocado bajo el prisma del sentido común, de la trayectoria del producto, de experiencias anteriores, etc. Pero no lo es tanto cuando no disponemos de dichas premisas, o nos falta una parte importante de ellas.

Por ejemplo:

Veamos, todo el mundo sabe que un juguete, en principio está concebido para un público infantil, y se supone que la medida de dicha población, y el precio del producto nos debe permitir medir el tamaño del mercado potencial de un juguete determinado. Posteriormente las acciones de marketing y sus resultados nos permitirán acercar dicho producto a los clientes potenciales. Pero ¿Qué ocurre con aquellos juguetes que también despiertan un interés más o menos manifiesto en un importante sector de la población adulta? Y si se evidencia que ese sector es suficientemente numeroso ¿Enfocaremos del mismo modo nuestras acciones de marketing, sabiendo que buena parte de las compras las van realizar personas adultas para su propio uso del producto?.

Por ello, sin abandonar los conocimientos a priori tengamos sobre los hábitos de consumo de nuestro producto, no debemos descartar realizar una pequeña investigación sobre las variables actuales de nuestro mercado, ya que podemos encontrarnos con sorpresas, como que la edad, el sexo, u otros factores hayan cambiado en parte, para bien (o sea, aumentando el espectro de la misma) o para mal (que haya disminuido dicho espectro), por lo que las medidas que debemos llevar a cabo nos proporcionarían cifras muy distintas.

Esta investigación es mucho más necesaria cuando no conocemos o conocemos muy poco los hábitos de consumo de un mercado al que nos vamos a dirigir.

Vaya como ilustración de este supuesto el hecho de que determinadas franquicias de ropa de vestir que en España están consideradas como de una calidad media y media-baja y destinadas a un público adolescente y juvenil, mientras que en otros países dichas franquicias tienen la imagen de ropa de calidad media-alta y alta, y su mercado potencial abarca hasta edades mucho más avanzadas.

Una vez que ya hemos llevado a cabo la investigación preliminar, podemos medir con mayor exactitud nuestro mercado potencial, recurriendo a las fuentes de información llamadas secundarias. Más adelante explicaremos cómo podemos llevar a cabo estos análisis con medios elementales.

IV.2.1.5.- ESTUDIO DE ACTITUDES Y EXPECTATIVAS DEL PUBLICO OBJETIVO

Continuando con las investigaciones que proponíamos en el punto anterior, conociendo ya la medida de nuestro mercado potencial, y disponiendo de una idea algo formada sobre el entorno socioeconómico del target-group que lo compone, ahora, vamos a tratar de averiguar algo sobre la actitud que tienen dichos individuos ante nuestro producto y las expectativas, o sea lo que en definitiva esperan de él si se deciden a adquirirlo.

Recordemos el ejemplo de las bolsas de deporte para estudiantes. Existía una pregunta en el aire sobre lo que realmente están empezando a necesitar dichos consumidores y que posiblemente vaya a sustituir en gran medida a esa práctica bolsa que pensábamos empezar a fabricar y distribuir. Pues bien, la respuesta a esa pregunta nos la proporcionaría la investigación de actitudes y expectativas, lo cual implica un estudio de una complejidad técnica importante, que analizaremos más adelante.

IV.2.2.- ANALISIS EXTERNO.

Cuando hablamos de análisis externo, estamos aludiendo a todas aquellas variables que están fuera de la empresa y que no controlamos pero sí que podemos intervenir en ellas.

Con esto queremos decir que es necesario conocer el "medio ambiente" en el que se mueve la empresa, no en el sentido ecológico de su significado, sino en el sentido estricto de la palabra. La empresa se mueve dentro de un ambiente político, un ambiente legal, social, tecnológico y, por qué, no religioso. A este "medio ambiente" se le denomina en términos de marketing "MACROENTORNO".

El MACROENTORNO está formado fundamentalmente por las fuerzas institucionales que afectan las relaciones entre la empresa y el mercado.

Podemos decir que está formado por 4 entornos:

- ENTORNO ECONOMICO: aquí se encuentran aquellas variables que afectan a los niveles de poder de compra de los clientes, tales como ingresos, tipos de interés, Renta Personal Disponible, Renta per capita,... En general todas aquellas que influyen claramente en la demanda y oferta del mercado.

- ENTORNO LEGAL: hace referencia a las leyes que regulan aspectos importantes de las relaciones entre empresas, éstas con clientes, etc, y que pueden dejar fuera del mercado a nuestra joven empresa si no actuamos rápidamente.

- ENTORNO SOCIAL/CULTURAL: es posiblemente el más complicado de estudiar para la empresa. Lo forman los hábitos y costumbres de comportarse la sociedad, su forma de alimentarse, de divertirse, de vestir, de trabajar, de disfrutar el tiempo libre, de comprar, de actuar....

  Los grupos, los individuos, la sociedad como un todo están cambiando constantemente en función de lo que consideramos formas deseables y aceptables de vida y de comportamiento. Estos cambios pueden incidir profundamente en las actitudes de los individuos hacia los productos y las actividades de marketing que realicemos.

- ENTORNO TECNOLÓGICO: este medio incluye todos aquellos cambios que continuamente se producen los productos, en la fabricación de los mismos, en su distribución, en su venta etc, y que tanta importancia tienen para la propia empresa y para sus clientes. Debemos estudiar y analizar tales cambios así como el ciclo de vida de los mismos.

Además de analizar el macro entorno debemos estudiar también las variables del entorno sectorial: ambiente competitivo, ambiente del mercado de referencia, clientes, expectativas de vida de los productos, tendencias etc.

A continuación exponemos algunas de estas variables del entorno sectorial al que pertenece la empresa.

IV.2.2.1- ANALISIS DEL SECTOR Y DEL MERCADO DE REFERENCIA.

Poco a poco nos vamos acercando a lo que es el epicentro del Estudio de Mercado. Vamos a analizar cómo se está comportando el mercado de referencia de nuestro producto.

Pero... ¿Qué es el mercado de referencia? Pues bien, ya vimos anteriormente lo que es el mercado potencial, que es el conjunto de posibles clientes que pueden adquirir nuestro producto o contratar nuestros servicios. Y la propia palabra lo indica: potencial. Es decir, el mercado potencial baraja datos posibles, es todo un conjunto de individuos que están ahí, en nuestro ámbito de actuación, reuniendo las características necesarias para ser nuestros clientes, en potencia. Aunque no lo sean, por lo menos todavía.

Pues a diferencia de ese mercado potencial, tenemos el mercado de referencia, que sí baraja datos reales, o mejor dicho actuales. Es ni más ni menos que el conjunto de individuos, clientes, o personas físicas o jurídicas que están adquiriendo en la actualidad un producto como el nuestro.

Y aquí aparece un nuevo concepto: **La DEMANDA GLOBAL** en el mercado de referencia. Consiste en el volumen total de unidades de producto vendidas dicho mercado, aunque también se puede facilitar en términos económicos. Es útil para conocer el nivel y o frecuencia de adquisición de las unidades de consumo (individuos, familias, empresas, etc.).

Se trata ni más ni menos de averiguar qué es lo que está ocurriendo con el consumo actual de productos similares al nuestro, en las zonas donde pensamos comercializarlos y también ver qué tal les va a los empresarios que se dedican a producir lo mismo que tenemos pensado producir nosotros, o sea a nuestros futuros competidores, que de momento vamos a ver como colegas que empezaron antes que nosotros y de los que podemos aprender algunas cosas, (BENCHMARKING).

Por supuesto, el mercado que nos interesará conocer más a fondo será siempre el mercado de referencia en el que vamos a actuar. Si pensamos distribuir nuestro producto sólo en determinadas zonas de España, por ejemplo, nuestro mercado de referencia será como máximo, el nacional.

También es interesante conocer, aunque sea más superficialmente, el mercado de referencia global, sobre todo teniendo en cuenta el entorno económico en el que nos movemos, cada vez más globalizado.

Es decir, aunque nuestros movimientos vayan a ser por un país determinado, en este caso ciertas zonas de España, nos conviene y mucho saber cual es el estado de las cosas en los países de nuestro entorno, y muy especialmente de la Unión Europea. Pero también nos aportará información de interés echar un vistazo a lo que está ocurriendo respecto a nuestro producto en el conjunto de los países consumidores y/o productores del mismo.

Y ¿qué es lo que debemos averiguar del mismo?. Pues algunos datos de interés, como son los siguientes:

- Cuál es la cifra de ventas (en dinero) que actualmente se factura en el mercado de referencia.
- Cuál es el volumen de ventas (en unidades, servicios, etc.) que actualmente se comercializan.
- Cuántas empresas del sector están vendiendo o comercializando esos productos en dicho mercado.
- Cómo se reparten la cuota de mercado dichas empresas
- Cuál es la Empresa líder.
- Cuál es la segunda empresa en el ranking de cuotas de mercado, en caso de que exista una clara y definida segunda empresa.
- Qué estrategia de imagen utiliza la empresa líder y su seguidora más cercana.
- Qué canales de distribución utilizan.
- Qué posicionamiento tienen respecto al precio en el mercado.
- Si procede, qué clase de tecnología utilizan

Pero ya hemos comentado que a un emprendedor le interesa conocer cuanto más mejor sobre el conjunto del mercado al que se va a dirigir, y aunque no le va a afectar directamente, al menos por ahora, le será de gran utilidad echar un vistazo a los siguientes datos:

- Los referidos a volumen de ventas en los mercados más próximos, como U.E., Europa del Este y, en según que casos, Magreb y Sudamérica.
- Si es posible, cifra de negocio a nivel mundial.

- No está de más observar cómo funciona dicho mercado en el resto de Europa, Estados Unidos o Japón. Para bien o para mal, casi todo lo que en estos mercados sucede, empresarialmente hablando, acaba por mimetizarse o al menos repercutir de algún modo en nuestro mercado nacional.
- Las relaciones de comercio exterior. Si se trata de un producto exportable, o sea, un bien comercializable fuera de nuestras fronteras, conviene que observemos las cifras de exportación e importación de dichos productos o ideas comerciales (franquicias, por ejemplo).

Seguiremos anotando y analizando temas que nos van a aportar muchos datos de interés.

IV.2.2.2.- INDICE DE SATURACIÓN DEL MERCADO POTENCIAL.

He aquí un dato que vamos a anotar para tenerlo en cuenta más adelante. Se trata del índice de saturación del mercado potencial.

Cuando comparamos el número de individuos que componen el mercado global actual y lo comparamos con el número de individuos que componen el mercado potencial, podemos observar que existe una diferencia a tener en cuenta por muchas razones.

La principal de ellas es de fácil deducción: Cuanto más diferencia exista entre el mercado potencial y el mercado real, menor será la saturación del primero, y por consiguiente más posibilidades de negocio pueden suponerse que existen para las nuevas empresas que inicien actividad en el sector.

Por ejemplo

Si averiguamos que en una determinada población donde se dan las características adecuadas para el uso de los abrigos impermeables de diseño, una vez realizadas las segmentaciones pertinentes, sabemos que el mercado potencial de dicho producto es de 10.000 unidades, y averiguamos también que el volumen de unidades de dicho producto vendidas en los últimos cinco años es de 4.000 unidades, sumadas todas las marcas que trabajan dicho mercado de referencia, es decir, que existe un índice de saturación del 40% del mercado, podemos plantearnos de forma bastante optimista las posibilidades de obtener unas buenas cifras de ventas del abrigo de nuestro ejemplo. En cambio, si dicha saturación fuese del 70%, lógicamente dichas expectativas deberían ser mucho más prudentes.

IV.2.2.3.- ANÁLISIS SOCIOECONÓMICO DEL MERCADO POTENCIAL.

Hemos visto lo importante que es determinar las variables que nos permiten segmentar el mercado, y una vez conocidos estos valores, poder medir la capacidad de absorción potencial que existe en dicho mercado. Pero esto es una cifra ideal, que tan sólo nos sirve de referencia porque si de entrada, al realizar nuestra medición comprobáramos que el volumen del mercado potencial es muy escaso... ¿Para qué molestarnos en lanzar el producto al mercado? Si ni tan siquiera con la mejor de las campañas publicitarias y distribuyéndolo en exclusiva conseguiríamos obtener un volumen de ventas suficiente.

Aprovechemos para mencionar y recordar un término importante en relación con estos conceptos, visto con anterioridad.

Se trata del público objetivo o target-group. Consiste en el conjunto de personas físicas y/o jurídicas, individuos, consumidores, clientes, etc. que pertenecen a ese nicho de mercado que hemos decidido segmentar. Son, en definitiva, los individuos que componen nuestro mercado potencial.

Ahora bien, una vez obtenida la cifra de mercado potencial, y si vemos que realmente es importante, debemos averiguar a continuación, cuales son las características socioeconómicas y culturales de los individuos que pueden adquirir nuestro producto. Esto se lleva a cabo mediante técnicas denominadas cualitativas y que en principio están reservadas exclusivamente a profesionales del Estudio de Mercado. Más adelante explicaremos en qué consisten.

Pero no debemos olvidar que existe una información cada vez más elaborada y accesible en diversos Organismos públicos y privados, asociaciones empresariales de sector y otras que más adelante mencionaremos. Y tampoco debemos olvidar que la observación detallada de nuestro entorno con espíritu crítico y con una buena capacidad de síntesis y sentido común nos puede aportar información muy interesante sobre este asunto.

IV.2.2.4.- EXPECTATIVAS DEL MERCADO Y CICLO DE VIDA DEL PRODUCTO.

Bien, ya hemos averiguado cómo está funcionando en datos actuales nuestro mercado de referencia, y por lo tanto que es lo que más o menos está ocurriendo con los demás productores o suministradores que llegaron al mercado antes que nosotros.

Pero ahora vamos a complicar un poco nuestra investigación y vamos tratar de averiguar algo más: La historia del producto que vamos a lanzar al mercado.

Por ello, y aunque sea rizar el rizo , si es posible y conseguimos una buena fuente de datos, nos conviene analizar también:

- El ciclo de vida del producto
- Las tendencias de las cifras de venta en el mercado, o sea, no sólo lo que actualmente está ocurriendo en fotografía plana en nuestro mercado de referencia, sino también hacia dónde se decantan dichas cifras.

Sobre el ciclo de vida del producto no vamos a extendernos demasiado, pero sí vamos a dejar claro que todo producto tiene un ciclo de vida más o menos largo, desde que se concibe y desarrolla, o lo que se denomina como I+D, (Investigación y Desarrollo), y las fase de lanzamiento, crecimiento, madurez y declive.

Esto no quiere decir que todos los productos desaparecen definitivamente del mercado, pero la mayoría sí que lo hace de forma significativa, en base a una serie de circunstancias como son la evolución tecnológica, el cambio de hábitos de la población, el sistema económico, y otras variables.

En muchas ocasiones, los productos no desaparecen en sí mismos, sino que son sustituidos por otros similares más evolucionados tecnológicamente, fabricados con menor coste económico y otra serie de ventajas que les hacen imponerse a los primeros. Es el caso de nuestro tocadiscos doméstico actualmente sustituido por el lector de Compact Disc. En este caso ha jugado un papel fundamental el hecho de poder utilizar un soporte más fácilmente transportable, más pequeño, más duradero, de más calidad para la reproducción y otra serie de ventajas.

En algunos casos los productos tienen una corta duración en su ciclo, y en otros, en cambio éste es larguísimo. La duración total del ciclo, a efectos comerciales y empresariales, afecta sobre todo a la aparición pronta o tardía del período de declive.

Lo que sí debe saber obligatoriamente cualquier empresario, es en qué punto del ciclo de vida se encuentra el producto que pretende lanzar. Y sin entrar en detalles ni fórmulas complejas diremos como referencia lo siguiente:

- El período de lanzamiento suele ser el más fructífero en cuanto a volumen de ventas, pero es el que más riesgos conlleva en cuanto a la aceptación del producto por parte del mercado. A este riesgo hay que añadir que en la etapa inicial los costes son mayores, por amortizaciones, inexperiencia y otros costes de lanzamiento.

- La fase de crecimiento supone un aumento significativo del volumen de ventas, por cuanto que, en general, el producto pasa a ser de un consumo más o menos masivo.

- La fase de madurez suele ser tranquila y rentable, pero implica tener una buena posición en el mercado de referencia en cuanto a cuota de mercado para consolidar unos beneficios interesantes.

- La fase de declive es peligroso en la mayoría de los casos, aunque los "supervivientes", suelen tener una buena rentabilidad por acopio del mercado, que aunque escaso y especializado, permite un buen volumen de ventas a las empresas residuales. Pongamos por caso la pluma estilográfica. Aunque ya ha sido sobradamente sustituida en sus funciones iniciales por el bolígrafo o el roller, ha quedado como un elemento de regalo, lujo o capricho personal, en algunos casos de elevado precio, por lo que las pocas empresas que fabrican este producto obtienen una buena rentabilidad con el mismo

Respecto al segundo factor que apuntábamos, las tendencias de las ventas, aunque puede tener una relación con el ciclo de vida del producto, vamos a analizarlo por separado porque no siempre es así.

Por ejemplo

Imaginemos, por ejemplo, que deseamos poner en marcha un negocio de fabricación de un tipo de bolsas deportivas pensadas para que los estudiantes puedan llevar cómodamente en distintos departamentos sus libros, algún ligero refrigerio para comer, y unas zapatillas deportivas de recambio.

Analizamos el mercado de referencia y vemos que las cifras de ventas son importantes, que realmente existe un mercado potencial interesante, que podemos posicionarnos por nuestro buen precio haciendo ofertas a algunas cadenas de hipermercados y conseguir un importante volumen de ventas.

Muy bien, pensamos,¡ pues adelante!, fabriquemos en nuestros talleres dicho producto, invirtamos en tecnología eficiente y actualizada que nos permita producir grandes cantidades a bajo coste e iniciemos las negociaciones con diferentes cadenas de distribución.

Hasta aquí muy bien. Pero un día cae en nuestras manos un estudio realizado por una Asociación de Empresarios del sector y observamos que las cifras de ventas son importantes, pero:

- **Desde hace 2 años las cifras son decrecientes, es decir, el máximo volumen de ventas se produjo durante hace tres años y desde entonces las cifras han bajado con una clara tendencia a la baja.**
- **Esto ha venido ocurriendo en todas las marcas, en la cifra global de ventas y en todos los territorios donde se venía comercializando el producto.**
- **En este último año una de las empresas que más tiempo llevaba fabricando el producto, aunque no era líder del sector ha cerrado por razones económicas, y otra empresa, mejor posicionada competitivamente, se ha fusionado con una empresa de tamaño similar y han cambiado su tipo de producto, dedicándose actualmente a la fabricación de artículos deportivos, tras una fuerte reestructuración y un importante desembolso de capital para reconvertir el sistema productivo.**

¿Qué está ocurriendo con este tipo de bolsas, cuya utilidad está fuera de toda discusión y de las que se siguen comercializando un gran volumen de unidades?

Sencillamente, que los productos van agotando sus ciclos de vida, por efecto de las modas, de los cambios tecnológicos, de los cambios de hábitos en los usuarios y por otras muchas razones. Y cuando el mercado empieza a disminuir su demanda, sencillamente se produce una recesión ene el sector con diferentes consecuencias para las empresas que se dedican a trabajar dicho producto.

Ante esta perspectiva, ¿Cuál es la pregunta clave?. La pregunta sería: ¿Qué es lo que tienden a utilizar los estudiantes en sustitución de las bolsas que estamos pensando fabricar? Y una vez averiguada la respuesta, podríamos formular la pregunta subsiguiente: ¿Sería interesante desde el punto de vista empresarial dedicarme a fabricar esa otra bolsa de menor tamaño y con unas características diferentes que actualmente está comenzando a sustituir a la anterior?.

La primera pregunta tiene una respuesta fácil de contestar. La segunda no tanto. Porque deberíamos analizar muy a fondo cual es la situación de ese nuevo producto, si tiene posibilidades de imponerse para los próximos, pongamos cinco años, si ese cambio de moda es duradero, etc.

Esto es sólo un pequeño ejemplo de las utilidades que nos puede aportar el dedicar unas horas al análisis de la situación del mercado de referencia, basándonos sólo en datos más o menos accesibles, pero existentes: Fuentes de datos secundarias y Estudios llevados a cabo por Instituciones o Asociaciones sectoriales, públicas o privadas.

Más adelante veremos cómo podemos llevar a cabo por nosotros mismos estas averiguaciones.

IV.2.2.5.- ANÁLISIS ESTERTÉGICO DE LA COMPETENCIA.

Este punto está bastante relacionado con los dos anteriores. Ahora se trata de ver qué es lo qué están haciendo los otros empresarios del sector

Lógicamente, lo que más nos interesará conocer es nuestro mercado de referencia, pero volvemos a insistir: No está de más echar un vistazo a todo lo que está ocurriendo por ahí afuera, puesto que de un modo u otro nos acabará afectando también.

En otro punto anterior estudiábamos las cifras del mercado, y averiguábamos las cifras de ventas o de dinero que se estaba moviendo en el sector. También localizábamos cuales eran las empresas líderes y las más potentes. Pues bien, ahora lo que haremos es averiguar cómo está actuando, de qué modo producen, distribuyen, cuáles son sus proveedores, cómo están organizados, qué tipo de publicidad llevan a cabo, etc. etc.

Complicado ¿Verdad?. Pues sí y no. Hoy en día existen muchos medios que nos permiten averiguar cosas sobre otras empresas, por lo menos a grandes rasgos. Y no importa que no podamos averiguar muchas cosas, ni de demasiadas empresas. Seguimos teniendo en cuenta que nuestros medios son más bien reducidos. Pero ya veremos que de algo sí podremos enterarnos, y sea poco o mucho, nos resultará de una gran utilidad.

Una vez realizado el análisis de la situación con sus distintas variables, estamos en disposición de realizar un análisis de debilidades, amenazas, fortalezas y oportunidades detectadas según el diagnostico previo realizado.

A partir de este D.A.F.O. (nombre que recibe esta revisión de aspectos fundamentales) debe quedar claro el problema a investigar (a continuación detallamos qué es y como se elabora).

IV.3.- ANÁLISIS DAFO.

Hemos llegado a un punto muy significativo de nuestro Estudio: El análisis DAFO, algo de tremenda importancia para los empresarios, porque consiste en un resumen estratégico de nuestra situación con respecto a las demás fuerzas que operan en el mercado, incluidos el público objetivo y la competencia.

Va llegando el momento de recopilar información y hacer un repaso de todo lo que hemos aprendido al documentarnos en nuestra investigación, pero ahora vamos a colocar los datos de forma resumida sobre el tablero para tener una visión más clara de qué es lo que nosotros podemos hacer para encontrar un hueco que nos permita seguir con nuestro proyecto.

Ante todo, tenemos que manifestar que el análisis DAFO es una técnica normalmente reservada a analistas profesionales, pero vamos a dar unas orientaciones para que aquel que lo desee pueda confeccionarse un DAFO elemental, eso sí, procurando contemplarlo como una referencia orientativa, sin entrar en conclusiones complejas ni en decisiones demasiado determinantes, porque, insistimos, el análisis DAFO deben llevarlo a cabo especialistas.

Pues como sus iniciales indican, el análisis DAFO se compone de cuatro partes claramente diferenciadas:

- DEBILIDADES.
- AMENAZAS.

} Factores Internas o de la Empresa

- FORTALEZAS.
- OPORTUNIDADES.

} Factores Externos o del Entorno

Vamos a intentar resumir cómo se confecciona cada una de estas partes.

En primer lugar, debemos tener en cuenta que, fruto de nuestras averiguaciones, hemos ido aprendiendo cosas sobre nuestro mercado, sus necesidades, el ciclo de vida del producto. Hemos obtenido datos importantes como el tamaño del mercado potencial, la demanda global en el mercado de referencia y por lo tanto el grado de saturación del mismo.

También hemos averiguado algo sobre la tendencia de la demanda, sobre las actitudes y expectativas de los consumidores y/o clientes, e incluso hemos detectado alguna carencia en lo que hasta ahora se viene ofreciendo a los mismos.

Por otro lado hemos recopilado información sobre la competencia y su situación relativa, sus estrategias y sus habilidades. Estupendo. Estamos empezando a ser buenos conocedores de nuestro mercado.

IV.3.1.- DEBILIDADES.

En este punto de nuestro análisis debemos indicar las más importantes de nuestras debilidades con respecto al mercado y al resto de competidores. Posiblemente dispongamos de una capacidad financiera menor, somos poco conocidos, nuestro mercado potencial es inicialmente más reducido, etc.

Nadie mejor que nosotros mismos podemos y debemos conocer cuales son nuestros puntos débiles.

IV.3.2.- AMENAZAS.

Aquí anotaremos lo más importante que hayamos podido averiguar sobre factores que puedan ser perjudiciales a corto o medio plazo para nuestro negocio: El abaratamiento progresivo de los productos de importación, el interés manifiesto de un competidor líder en instalarse en nuestra demarcación geográfica, un cambio progresivo en los hábitos de consumo, etc.

IV.3.3.- FORTALEZAS.

Es en este punto donde indicaremos cuales son nuestras ventajas. Hay que tener en cuenta que siempre que queramos tener un mínimo de éxito en nuestra actividad empresarial, debemos partir de alguna ventaja competitiva, por rebuscada que esta sea, pero en algo tenemos que basar nuestra argumentación a la hora de ofrecer el producto al mercado de referencia.

Y no olvidemos que las ventajas no consisten siempre en ser los mejores, o los más grandes, o los más baratos. En ocasiones, el ser pequeños es una ventaja en según qué tipo de mercados, al poder movernos con mayor agilidad y adaptabilidad a sus necesidades. A veces la ventaja consiste en saber transmitir que somos simplemente, distintos, especiales. También podemos esgrimir una combinación adecuada de varias ventajas.

En ocasiones la fortaleza nos viene dada por nuestro gran conocimiento de un determinado mercado, o por la propia incompetencia de la competencia, valga el juego de palabras.

IV.3.2.- OPORTUNIDADES.

Finalmente vamos a tratar de ver dónde están los huecos, las fisuras, qué es lo que puede ocurrir en el mercado que nos facilite o nos permita aprovechar mejor sus características o unas circunstancias favorables.

Probablemente lleguemos a cumplimentar este punto guiados por los tres anteriores, además de por toda una serie de informaciones que hemos ido captando mientras íbamos recopilando datos para nuestro estudio.

Las carencias que hemos detectado en la actual oferta, si estamos dispuestos a cubrirlas mediante nuestro producto o servicio, nos ofrecen una oportunidad excelente de negocio, así como otras connotaciones del propio mercado (un índice de saturación bajo, unido a una tendencia creciente de la demanda, por ejemplo)

Esto es en definitiva el análisis DAFO, como ya hemos dicho antes, una eficaz herramienta para los analistas.

Que de forma esquemática puede representarse de la siguiente manera:

FORTALEZAS	DEBILIDADES
• • • • •	• • • • •
OPORTUNIDADES	**AMENAZAS**
• • • • •	• • • • •

IV.4.- DEFINICIÓN DE OBJETIVOS.

Para terminar este capítulo lo haremos con un punto de crucial interés. El lector llegado este momento, sino antes, debe fijar por escrito cuales son sus objetivos que se ha fijado, para la realización del estudio, una vez que ha definido exactamente cual es el problema a investigar y con ello ha analizado su situación tanto externa como interna.

Debe detallar punto por punto los objetivos que se pretenden obtener con la investigación comercial. De esta forma, se sabrá que se puede esperar del estudio y que no. Representa un punto difícil de elaborar, pero resulta imprescindible, sobre todo para conocer el alcance del mismo y no esperar resultados sorprendentes o soluciones magistrales. "No estamos hablando de ciencias exactas".

Los objetivos deben ser:

- CLAROS.
- CONCRETOS.
- REALISTAS.
- CUANTIFICADOS.
- DELIMITADOS.

Y, por supuesto, deben estar reflejados por escrito.

A partir de aquí, sólo queda conocer las técnicas que existen para realizar el estudio de mercado, así como las distintas fuentes de información que ayudarán a su consecución.

V.- TÉCNICAS DE ELABORACIÓN DE UN ESTUDIO DE MERCADO.

El objetivo básico de este capítulo, es descubrir al lector las diferentes técnicas y fuentes de información, que puede utilizar para la elaboración de su estudio, en función de la procedencia de los datos y la tipología de la información a obtener.

Puesto que el lector ya está comenzando a familiarizarse con todo el "mundillo" de cuestiones a tener en cuenta a la hora de iniciar un estudio de mercado, ahora llega el momento en el que le vamos a iniciar en el mundo de las técnicas utilizadas por los profesionales para poder llevar a cabo sus investigaciones.

Evidentemente no pretendemos entrar en profundidad en dichos temas, cuyo estudio implica una formación específica correctamente dirigida por profesionales de la materia, ni mucho menos tampoco pretendemos agobiar a nadie con una serie de fórmulas complejas y que personalmente es más que probable que no va a utilizar.

Pero sí que pretendemos mencionarlas, así como dar a conocer sus métodos de uso y finalidades, para que cuando le propongamos a nuestro incipiente emprendedor que haga unos análisis a su medida y con sus propios medios, sepa que existe una técnica equivalente en la investigación profesional, y cómo se encuadra dentro del proceso de estudio de mercado que pretende llevar a cabo.

Tampoco vamos a mencionar todas las técnicas utilizadas por los profesionales, algunas de ellas tan complejas como poco frecuentes, sino las más importantes y usuales.

En primer lugar vamos a realizar la primera gran clasificación, que sería:

- POR LA PROCEDENCIA DE LOS DATOS.
- POR LA TIPOLOGÍA DE LA INFORMACIÓN A OBTENER.

V.1.- SEGÚN LA PROCEDENCIA DE LOS DATOS.

Empezaremos realizando la siguiente división:

- FUENTES DE DATOS PRIMARIAS.
- FUENTES DE DATOS SECUNDARIAS.

Veremos la gran importancia que tiene el escoger entre un tipo de fuentes u otras, por razones de coste, tiempo a emplear, calidad de la información, etc.

IV.1.1.- FUENTES PRIMARIAS.

Las fuentes primarias son aquellas que nos proporcionan datos específicos sobre el problema a analizar. Proceden de análisis y estudios diseñados a la medida, para detectar un problema, explorar una situación o una opinión sobre un tema concreto, o para cuantificar unos datos de mercado.

Por regla general, suele tratarse de datos recabados por la propia empresa, conclusiones obtenidas de su experiencia en sus relaciones con los mercados. En estos casos concretos, a dicha fuente de datos primaria, se la denomina Interna.

Ante esto, un emprendedor se podría plantear, ante su falta de experiencia empresarial y de no contar con relaciones importantes con los mercados ¿Significa esto que las fuentes de datos primarias son algo con lo que no puedo contar?.

Precisamente la respuesta es NO. Es decir, SI que puede contar en muchos casos con información de tipo primaria perfectamente útil para iniciar sus investigaciones.

Precisamente, cuando hablábamos de fuentes de datos primarias hemos indicado que cuando provienen de la propia empresa se denominan internas, pues bien, cuando dichas fuentes de datos se obtienen a través de terceros, pero sigue tratándose de una información perfectamente válida para analizar un problema concreto aplicable a su actividad empresarial se denominan FUENTES DE DATOS PRIMARIAS EXTERNAS.

Hasta hace poco tiempo dichas fuentes de datos externas eran las que se solicitaban a empresas especializadas en estudios de mercado, lo cual siempre suponía un coste importante y por lo tanto solía estar al alcance casi exclusivamente de las Grandes empresas y corporaciones.

Hoy en día, cada vez existen más estudios específicos realizados por Organizaciones públicas y privadas, Ministerios, Agrupaciones sectoriales de empresarios, observatorios de seguimiento de diversas actividades industriales, Consejerías de Comunidades Autónomas, Diputaciones Provinciales, incluso, Mancomunidades de Municipios.

A nivel internacional existen cada vez más estudios publicados sobre temas muy diversos, realizados por encargo de Organismos de diversa índole, muchos de ellos apoyados directa o indirectamente por la U.E.

Pero además, muchos de dichos estudios son totalmente gratuitos, es decir, están a disposición de todo aquel que desee consultarlos, exigiéndose, en ocasiones, tan sólo acreditar la pertenencia al colectivo correspondiente.

Y no sólo eso, sino que cada vez más dichos estudios están disponibles a través de la Red, o sea, en Internet, por lo que la consulta de los mismos es cada vez más fácil y rápida.

Es cierto que otros estudios que nos puedan resultar de interés pueden ser de pago, es decir, que el Organismo o la empresa propietaria nos hará entrega de los mismos en soporte papel o informático previo pago de su importe.

Es comprensible puesto que algunos de dichos estudios han supuesto un alto coste para su elaboración y la empresa que ha abonado los importes cobra una cantidad a quienes deseen hacer uso de los mismos, con el fin de amortizar dicho gasto o incluso reinvertir dichos ingresos en un próximo estudio sobre la materia.

No debemos olvidar que los estudios por muy exhaustivos que sean tienen una vigencia, un tiempo de validez, y aunque para un futuro estudio podemos aprovechar ciertos datos de los anteriores, como por ejemplo los históricos, los datos del momento presente deben ser actualizados si queremos basarnos en ellos para tomar algún tipo de decisión importante.

Pero insistimos: una gran cantidad de los estudios específicos publicados son gratuitos y de ellos una buena parte, cada vez más, se encuentra directamente disponibles en Internet. Tan sólo hay que estar dispuesto a pasar unas horas navegando por las autopistas de la información.

Por último, indicar que para aquellos emprendedores que no estén familiarizados con la navegación por la Red, o no deseen hacerlo por ahora, los Estudios están disponibles en las sedes de los citados Organismos, corporaciones y empresas, publicados en formato tradicional, o sea papel.

En este caso el único inconveniente es que el tiempo que deberemos emplear para poder consultar dichos estudios será mucho mayor, teniendo en ocasiones que desplazarnos personalmente a las citadas sedes, en los horarios y días establecidos para realizar las consultas, e incluso en algunos casos deberemos consultar el documento "in situ", es decir, no podremos llevarnos con nosotros un ejemplar ni una copia del mismo para poder leerlo más tarde con tranquilidad.

En cualquier caso, el tener que desplazarse al lugar de ubicación de un documento para analizarlo u obtener una copia siempre es una tarea que conlleva tiempo y ciertas incomodidades, además de ser más costoso que el obtenerlo vía Internet, aún en el caso de que no se cobre directamente por consultarlo u obtener un ejemplar del mismo.

Por todo ello, y no sólo por esta razón sino por otras muchas, aprovechamos para recomendar encarecidamente a los nuevos empresarios, si aún no se lo han planteado, que se formen lo antes posible en las nuevas tecnologías de la información, concretamente en navegación por Internet, y que se provean de un equipo conectado a la red, y si es posible mediante BANDA ANCHA, lo cual les va a resultar enormemente rentable a medio y largo plazo e incluso si realizan este estudio utilizando dicho medio, van a poder comprobar su eficacia de forma inmediata

IV.1.2.- FUENTES SECUNDARIAS.

Las fuentes de datos secundarias van a representar un papel importante también en el transcurso de nuestra investigación. Este tipo de fuentes son aquellas que contienen datos GENERICOS, estadísticos o cualitativos, son informes y estudios que no han sido diseñados específicamente para el tratamiento del problema o el asunto que nos proponemos investigar pero que contienen datos relacionados.

Por regla general son publicados por Organismos públicos, como el INE (Instituto Nacional de Estadística) y suelen estar a disposición de todo aquel que los desea consultar, normalmente de forma gratuita o por un precio ínfimo.

Además, actualmente casi todos los informes publicados por dichos Organismos públicos y algunos privados están disponibles a través de Internet, y son de libre acceso, pudiéndose bajar los informes a un ordenador personal y poder tratarlos y estudiarlos cómodamente en nuestro lugar de trabajo.

De este tipo de fuentes también existen algunas publicadas por Organismos privados, al igual que ocurre con las fuentes de datos primarias ya elaboradas las hay que son de pago puesto que la Entidad que ha invertido en su elaboración debe tratar de amortizar la inversión, incluso con el fin de poder renovar la información obtenida.

No obstante, sólo con los datos que existen publicados de forma gratuita, a nivel de información secundaria podemos encontrar la mayor parte de la información que deseamos obtener.

Por ejemplo

Vamos a remitirnos al ejemplo de nuestra empresa de comercialización de abrigos impermeables de diseño. Recordemos que por una serie de razones de segmentación del mercado, nos habíamos dirigido a cierto tipo de poblaciones, escogidas, entre otras variables de segmentación, por su tamaño cuyo tamaño mínimo habíamos establecido en 50.000 habitantes.

Pues bien, tras consultar con nuestro Director Comercial y con nuestros expertos en Distribución, hemos decidido ampliar el espectro de segmentación a ciudades de un tamaño mínimo de 30.000 habitantes. Sin embargo seguimos teniendo claro los otros factores, tales como el nivel económico (entre 24.000 y 42.000 euros anuales), mujeres de edades comprendidas entre los 25 y 40 años, etc.

Nos aparecen un buen número de poblaciones españolas que entran dentro de ese nuevo tamaño debido a la ampliación de la variable, y puesto que no vamos a comenzar en todas ellas a la vez, nos planteamos seleccionar tres con un número de habitantes comprendido entre los 30.000 y 50.000 para iniciar nuestra actividad y que nos sirva a la vez de prueba piloto para continuar nuestra expansión en dicho segmento.

La pregunta que harían a nuestro analista sería: ¿En cuales de ellas sería más aconsejable empezar?. Dejando aparte otro tipo de análisis que podemos llevar a cabo y que más tarde explicaremos, nos vamos a centrar de momento en lo que pueden aportarnos las fuentes de datos primarias y secundarias.

Empezaremos por estas últimas, o sea las secundarias. Vamos a tomar los datos del INE y veremos que existe un dato denominado censo que incluye todas las personas existentes en un lugar determinado, en un momento dado y, además, clasificadas por edades, sexo, profesiones, poblaciones,... Ahí ya empezaremos a obtener un dato de gran interés para nuestra información, porque en pocos minutos podemos averiguar cuantas mujeres de las edades que atañen a nuestro segmento de mercado existen en cada una de dichas poblaciones.

También disponemos de datos de qué tipo de profesiones y sus porcentajes se ejercen, y por la tanot, si adjudicamos a priori a determinadas profesiones ciertos niveles de poder adquisitivo, enseguida podremos obtener un cruce de datos o nicho de mercado orientativo para cada una de las poblaciones indicadas.

Esto es un pequeño ejemplo, pero podemos añadir otros datos, que no sólo se encuentran en el INE, sino también y en algunos casos de forma más desarrollada en otros Organismos, como INEM (Instituto Nacional de Empleo), o empresas privadas, como el servicio de Estudios de la Fundación La Caixa. Entonces podemos añadir, buscando en unas fuentes y en otras, datos de interés como pueden ser:

- **El nivel de renta medio de la población.**
- **Actividad comercial de la misma (en número de locales comerciales, y metros cuadrados dedicados al comercio).**
- **Datos de paro.**
- **Pirámide generacional (por si la población tiende a expandirse o no).**
- **Tipo de actividades empresariales que se llevan a cabo.**
- **Nivel de estudios de la población objetivo y de las generaciones siguientes.**

Y podríamos añadir otros, pero vamos a dejarlo aquí, pues con esto ya estamos proporcionándole a nuestro atrevido investigador novel un poco de trabajo para que vaya iniciando su estudio.

De momento, ya podemos empezar a realizar una buena preselección de poblaciones: Evidentemente, y tras comparar los datos en distintas tablas, podríamos tratar de escoger aquellas que:

- **Tuviesen un nivel de renta media más elevado.**
- **Lo cual también vendría apoyado por unos datos de nivel de estudios y cualificaciones profesionales de tipo medio y medio alto significativo.**
- **Con un buen nivel de actividad comercial.**
- **Siempre y cuando existiera una cantidad importante de mujeres de las edades que nos interesan.**
- **Y dentro de éstas, priorizando aquellas que nos sugieren por la pirámide generacional que se va a producir una continuidad en nuestro segmento de mercado.**

También, puestos a obtener informaciones más detalladas podemos dirigirnos a las Cámaras de Comercio de las provincias donde se encuentran ubicadas las poblaciones que estamos estudiando.

Actualmente las Cámaras de Comercio ofrecen información bastante detallada en soporte informático o papel a un coste variable, sobre todo dependiendo de la cuantía de los datos, pero también están volcando cada vez más informaciones de interés en la Red. También disponen en muchos casos de servicios de asesoramiento específicos.

Pero nuestro analista no se da aún por satisfecho y desea averiguar algo más antes de tomar decisiones. Y para ello va a acudir a fuentes de datos primarias.

De acuerdo que el investigador de mercados de nuestro ejemplo es un empresario con experiencia en el sector, y por lo tanto ya ha aprendido mucho en estos últimos años sobre el comportamiento de los consumidores, compradores, distribuidores, etc... de su producto.

Dispone de datos sobre ventas en diferentes meses del año, por segmentos de mercado, de la evolución de su producto en los mercados nuevos para él.

Pero lo que no conoce a fondo todavía y desea investigar es algo más sobre el comportamiento de su público objetivo en estas poblaciones a las que desea dirigirse. Pues bien, opara ello tiene dos opciones:

- **O bien encarga un estudio de hábitos de compra a una empresa especializada.**
- **O bien utiliza los Estudios más recientes que se hayan llevado a cabo sobre el sector.**

Por supuesto, el estudio que le aportaría datos más fidedignos sería el primero de ellos, pero nosotros no vamos a pedirle por ahora a nuestro nuevo emprendedor que invierta una suma importante en dicho estudio, sobre todo en esta etapa tan costosa de iniciar su actividad.

Por ello, lo que vamos a recomendares que se ponga en contacto con las Asociaciones de Empresarios, a ser posible del sector que le atañe, con los Observatorios sectoriales, con las Cámaras de Comercio, y con todo Organismo público o privado relacionado con la actividad que va a llevar a cabo.

Podemos asegurarle que en una gran cantidad de casos se va a llevar una grata sorpresa: Va a encontrar Estudios recientes sobre lo que está deseando averiguar, si no específicos, por lo menos muy cercanos a su problemática, y muchos de ellos gratuitos, o de muy bajo coste, y es más, algunos incluso disponibles en Internet, es decir que podrá bajarse la información que está necesitando, ¡Sin moverse prácticamente de su despacho!.

La razón es muy simple: Cada vez más diferentes Organismos, Instituciones públicas, Asociaciones empresariales y demás Entidades cuya misión es propiciar y facilitar el desarrollo empresarial son conscientes de la gran importancia y del excelente papel orientativo que suponen para el empresario, sobre todo si es inexperto, los Estudios de Mercado.

Tanto es así que existen programas subvencionados por la U.E para llevar a cabo los mismos. Y para más datos, ciertos proyectos que requieren inversión pública y que antiguamente se dejaban al criterio de los gestores municipales o provinciales, actualmente no perciben ningún tipo de ayuda si previamente no se ha llevado a cabo un estudio de mercado efectuado por una empresa acreditada, y que demuestre la viabilidad al menos en términos de altas probabilidades del mencionado proyecto.

A su vez, para la ejecución de dichos estudios de mercado, que evidentemente son costosos, existen también subvenciones que cubren gran parte de dichos costes.

Así, siguiendo con el ejemplo anterior, tanto a nivel provincial como a nivel local en algunos casos datos concretos de:

- **Número de establecimientos comerciales que pueden comercializar nuestro producto**
- **Datos de ventas de productos similares en los años anteriores, en unidades y en dinero**
- **Evolución y tendencia de consumo en cuanto a prendas de vestir en lo que a nuestro producto se refiere**
- **En general hábitos de consumo que nos puedan resultar favorables o desfavorables para la comercialización de nuestro producto.**

Esto es una pequeña muestra de todo lo que podemos averiguar y, por ahora, no es poco.

Ahora, con todos los datos obtenidos encima de nuestra mesa, podemos comenzar a combinar informaciones. Si tenemos en cuenta la informaciones obtenidas de las fuentes de datos secundarias, y que nos permitieron hacer una preselección de varias poblaciones a partir sus datos socioeconómicos, y ahora añadimos la información extraída de las fuentes de datos primarias, o sea, en este caso de estudios específicos sectoriales, en algunos casos con información de calidad a nivel provincial o incluso local, podemos componer un interesante mapa que prácticamente nos va a indicar de forma clara en qué ciudades debemos comenzar la comercialización de nuestro producto con una gran cantidad de probabilidades de éxito.

V.2.- SEGÚN LA TIPOLOGÍA DE LA INFORMACIÓN A OBTENER.

En el punto anterior hemos tratado de las fuentes de datos y de cómo utilizarlas, y hemos comprobado que el tipo de información que nos proporcionan, si lo estructuramos correctamente, si lo enfocamos de forma adecuada a los objetivos del análisis que queremos efectuar, nos permite llevar a cabo un estudio bastante interesante sobre la actividad que queremos llevar a cabo, con un coste mínimo y con relativa comodidad.

Hasta aquí todo lo que hemos averiguado no requiere de una especialización excesiva, se necesita sobre todo claridad de ideas y una fuerte dosis de sentido común, además de unas cuantas horas de dedicación.

Al fin y al cabo, tanto en las fuentes de datos secundarias como en las primarias que tengamos a nuestro alcance estamos analizando información elaborada, tratada y preparada previamente por expertos que conocen perfectamente su trabajo.

Pero en los próximos puntos a tratar nos vamos a acercar a otro tipo de técnicas para la obtención de informaciones y datos.

Éstas están mucho más relacionadas con los Estudios de Mercado, en la medida, que son levadas a cabo por especialistas y que, por tanto, o bien los encontraremos ya elaborados al buscar en las fuentes de datos correspondientes, o si decidimos utilizar las técnicas que vamos a enumerar por cuenta propia, es preferible hacerlo asesorados por un experto, puesto que un error en el diseño o ejecución de las mismas puede llevarnos a la obtención de resultados poco fiables o incluso engañosos.

No debemos olvidar que las técnicas de investigación que ahora vamos a exponer se internan en averiguaciones que desconocemos a priori, y tenemos que basarnos en muestras para tratar de comprender la globalidad de una situación. De ahí el riesgo de equivocarnos si no actuamos con prudencia.

No obstante, vamos a exponer las más importantes sin entrar en complejidades matemáticas de las citadas técnicas, para que la curiosidad del lector no se vea defraudada.

Existen dos grandes grupos:

- CUANTITATIVAS.
- CUALITATIVAS.

V.2.1.- TÉCNICAS CUANTITATIVAS.

Son aquellas que nos permiten medir, o cuantificar como su nombre indica el alcance de un determinado fenómeno.

Por ejemplo, nos permiten averiguar, cuántas personas de determinado grupo de consumidores estarían dispuestas a adquirir un determinado producto a un precio estipulado.

Esto, evidentemente es de una gran importancia a la hora de evaluar por anticipado las posibles ventas de una empresa en un determinado contexto geográfico. Y además permite diseñar la política de precios de forma mucho más ajustada a nuestros objetivos de rentabilidad, o de penetración en el mercado.

Las dos técnicas más usuales de tipo cuantitativo son:

- ENCUESTAS
- PANELES

V.2.1.1.- ENCUESTAS.

Existen diferentes tipos de encuestas, aunque las más usuales son las ad hoc o a medida, y las omnibus, que son encuestas genéricas entre cuyos datos podemos encontrar buena parte de las respuestas que buscamos.

- **ELECCIÓN DE LA MUESTRA.**

Las claves del procedimiento para realizar una encuesta de calidad que nos proporcione datos fiables, están en la correcta elección de la muestra y en el diseño del cuestionario.

Las muestras deben ser de un tamaño suficiente para que las consideremos significativas, esto es, para que realmente sean representativas del grupo al que queremos estudiar. Pero para que sean eficaces, los elementos de la muestra deben estar escogidos aleatoriamente, o sea, al azar dentro de dicho grupo. Para ello se utilizan una serie de métodos que varían dependiendo del tamaño, de la duración, del grupo que queramos sondear y de otros factores. No vamos a entrar en más detalles sobre el diseño de la muestra, pero podemos ilustrarlo con un ejemplo:

Por ejemplo

Recordemos aquel ejemplo de la mochila para estudiantes que estábamos dispuestos a fabricar. Supongamos que queremos investigar a los estudiantes de edades comprendidas entre los 14 y los 18 años, de ambos sexos, como posibles clientes para averiguar su interés en adquirirla a priori.

En primer lugar diseñaremos el tamaño de la muestra, que vendrá determinada principalmente por el nivel de confianza que queremos que tenga, o dicho de otro modo, el porcentaje de representatividad que ha de tener de todo el conjunto también llamado universo a estudiar, el grado de homogeneidad del conjunto, y por supuesto el tamaño de dicho universo. En este caso puede tratarse de todo el conjunto de jóvenes estudiantes de entre 14 y 18 años de la provincia de Madrid, y queremos que el nivel de confianza sea de algo más de un 95 %. Una vez determinado el tamaño de la muestra mediante un sistema matemático que no vamos a exponer aquí, se nos propone que la muestra tenga un tamaño de 800 individuos.

En segundo lugar, debemos diseñar el cuestionario. Para ello intervienen expertos que analizan la información que se desea obtener y seguidamente elaboran un cuestionario que consiga averiguar la verdad a base de una serie de preguntas concretas y bien dirigidas. Para conseguirlo se sigue una serie de métodos con diferentes tipos de preguntas, abiertas, cerradas, de opción, con preguntas filtro de verificación cada cierto tiempo, etc.

Después se procede a la ejecución. Hay que buscar el momento y el lugar adecuados para poder entrevistar con la mayor eficacia posible a los individuos escogidos al azar, y esto no es tan sencillo como parece. Además deberemos recorrer diferentes lugares, porque, imaginen que entrevistamos a una gran cantidad de estudiantes de un mismo centro, en el cual se da la circunstancia de que un individuo con gran influencia en el resto detesta especialmente las citadas o mochilas, con lo cual esos objetos gozan de escasa popularidad en el citado centro. Obviamente los resultados de la encuesta estarían gravemente distorsionados.

A continuación se procede a tabular los resultados, introduciéndolos en un ordenador y obteniendo resultados globales significativos, mediante técnicas estadísticas, es decir, mediante medias aritméticas, desviaciones típicas, correlaciones, análisis de contingencias y otros parámetros de medición que requieren complejos cálculos, y que lógicamente no vamos a describir en este manual.

Finalmente se procede a presentar los datos de forma legible, es decir, mediante índices, gráficos, tablas, y otros elementos auxiliares que

permitan interpretar con facilidad al destinatario del estudio los resultados de la información obtenida.

V.2.1.2.- PANELES.

Los paneles son un tipo de sondeo en el cual se utiliza a un grupo fijo, de un tamaño significativo, y previamente escogido por su alto nivel de representatividad del público objetivo medio al que deseamos estudiar. Los paneles son especialmente útiles para medir de forma regular y periódica los hábitos de un determinado colectivo.

Ejemplos de estos paneles son las mediciones de la audiencia de los medios de comunicación como radio o televisión.

V.2.2.- TÉCNICAS CUALITATIVAS.

Estas técnicas nos facilitan información del por qué, o sea de las razones por las que existen determinados hábitos de consumo o de actuación en general. También nos aportan muchas otras cosas, como las preferencias de uso, las estéticas, necesidades ergonómicas, deficiencias que perciben en los productos actuales, los temores, el desconocimiento, la simpatía que despiertan, u otros temas más difíciles de averiguar por ser opiniones mucho más complejas y difíciles de obtener mediante un sondeo masivo.

También requieren la intervención de expertos, tanto en su diseño como en su ejecución y posterior análisis, pero más adelante proporcionaremos unas orientaciones para poder realizar ciertas aproximaciones, que llevadas a cabo con prudencia y sentido común y sin olvidar su carácter PURAMENTE ORIENTATIVO, nos pueden servir de complemento en el conocimiento del mercado.

Las técnicas cualitativas más importantes son:

- OBSERVACIÓN DIRECTA
- ENTREVISTA EN PROFUNDIDAD
- REUNIONES EN GRUPO

A continuación vamos a explicar en qué consisten cada una de ellas.

V.2.2.1.- OBSERVACIÓN DIRECTA.

Esta técnica se basa en la innata y nunca suficientemente ponderada capacidad del ser humano de observar. Es decir, consiste básicamente en dedicarse a mirar, de forma directa y personal, pero siguiendo una metodología, un esquema de trabajo, y una preselección de lugares y horarios, los hábitos de consumo, uso, o forma de actuar de los consumidores y/o compradores de un producto.

Esta observación se lleva a cabo en lugares de aprovisionamiento o de utilización del producto. Y aunque no vamos a explicar con detalle los métodos que se siguen para elaborar los esquemas de trabajo, o las pautas de observación, podemos indicar que los objetivos fundamentales de dichas observaciones consisten en:

- Detectar quien, cuando, con qué frecuencia, cómo, y en qué lugares se adquiere el producto
- Detectar quien, cuando, cómo, con qué frecuencia, en qué lugares, y en qué situaciones se usa el producto.

Y, adicionalmente, y siguiendo asimismo una pauta estructurada de observación, podemos evaluar datos del comportamiento respecto al producto como:

- Las expresiones verbales y no verbales que manifiestan los compradores en el momento de evaluar a simple vista el producto, tanto si lo contemplan sin intervención del vendedor, como cuando existe intervención del mismo.
- Cuales son las prestaciones adicionales que más solicitan
- Cuáles son las objeciones más frecuentes
- Cuales son las quejas o reclamaciones más habituales sobre el servicio o producto.

Hay otras cuestiones que es posible averiguar, pero vamos a seguir en nuestra pauta de simplificar y no vamos a añadir a esta descripción elementos demasiado complejos.

El lector ya habrá podido comprobar que esta técnica que estamos proponiendo es natural, intuitiva y aparentemente sencilla. Y el emprendedor puede pensar:

"Bien, pero... ¡Si eso es lo que vengo haciendo continuamente desde que pensé iniciar mi actividad, o desde que la inicié recientemente!.

De hecho, paso gran cantidad de horas observando a mis conciudadanos cuando consumen el producto que yo produzco, y anoto mentalmente muchas cuestiones, como por ejemplo, la forma en que elogian los productos de la competencia, o si alguien manifiesta abiertamente su descontento con mis productos. Es uno de los medios por los que averiguo más detalles relacionados con el consumo de mis productos.”

Y ante este planteamiento, nosotros afirmamos:

Efectivamente, eso que usted está haciendo es una forma clásica, natural y de una gran eficacia a la hora de averiguar las actitudes de nuestros clientes. Usted va por buen camino.

Sin embargo, la observación desde el punto de vista técnico de la investigación de mercados es mucho más planificada, menos espontánea, más metódica y sistemática. Y por supuesto, el análisis posterior de los datos recogidos, también se realiza siguiendo un método adecuado. Esa es la gran diferencia.

Existen varios tipos de observación clasificados por la forma en la que ésta se lleva a cabo. Sin extendernos en su enumeración y descripción, vamos a indicar la que más conviene a nuestro entender al emprendedor que actúa con sus propios medios.

Como comentario previo podemos decir que la más recomendable sería la que se lleva a cabo de modo estructurado (con preparación previa de objetivos a estudia), encubierta (sin que el observado sea consciente de que la observación), natural, directa, y personal, es decir efectuada in situ, en un escenario no preparado expresamente, y sin utilizar elementos técnicos de apoyo, como videocámaras u otro tipo de artilugios.

También hay que tener en cuenta el tipo de servicio o producto, el lugar, la hora, la facilidad existente para la ubicación del observador, etc. pero para aplicar el método indicado, lo más adecuado es tratar de hacerse pasar por un cliente, consumidor o usuario más, a fin de no llamar la atención de los compradores o usuarios y no distorsionar su comportamiento. En este sentido, si hay posibilidad, es bueno contar con la aquiescencia de los propietarios del negocio donde vamos a efectuar la observación.

Si no es así, pues, hay que marcarse un tiempo razonable para no provocar susceptibilidades de los mismos en base a nuestra presencia, y comportarse como un cliente más. Esto siempre que se trate de un recinto de titularidad privada, como un comercio o una oficina, por ejemplo. Si el lugar o recinto es público, evidentemente no tenemos que conseguir el permiso de nadie, en principio, para poder llevar a cabo nuestra observación.

Pero ahora, volviendo al supuesto de nuestro observador intuitivo, imaginemos que esta observación que él mismo admite que le está resultando de utilidad para mejorar su gestión, se lleva a cabo con cierta planificación y metodología. Los resultados pueden ser más que satisfactorios.

Tan sólo se trata de llevar a cabo la observación de forma premeditada, escogiendo muy bien los lugares más adecuados de observación, utilizando como plantilla base la relación de objetivos a observar que antes hemos enumerado, si no todos, al menos los más importantes o más necesarios para nuestras averiguaciones, y una vez que hayamos anotado una cantidad razonable de ellas, sentarnos tranquilamente a reflexionar sobre lo observado. Y no olvidemos nunca que el sentido común debe imperar en todo el proceso.

V.2.2.2.- ENTREVISTA EN PROFUNDIDAD.

Si la técnica que acabamos de comentar resulta en su filosofía bastante familiar al empresario, esta otra no va a ser tampoco desconocida.

Se trata sencillamente, de realizar una entrevista planificada a una persona de refutada experiencia en el sector y la problemática que deseamos investigar. Por eso esta técnica se denomina también "ENTREVISTA A EXPERTOS".

Evidentemente, conversar sobre un tema determinado con alguien conocedor del mismo es un sistema tan antiguo y eficaz como la propia existencia de la civilización. Sin embargo, y al igual que ocurría con el punto anterior, desde el punto de vista de los Estudios de Mercado, esta entrevista se lleva a cabo siguiendo un método para aumentar su eficacia y obtener el máximo provecho de dicha conversación.

En primer lugar es conveniente diseñar la plantilla adecuada, es decir, un GUION ABIERTO es lo más aconsejable en la mayoría de los casos. Para ello se realiza un bosquejo o estructura de preguntas y sugerencias que contengan los objetivos que queremos averiguar. No es necesario definir con exactitud la frase que debemos enunciar, pero hay que tener claro el contenido de la pregunta.

También es muy importante que nuestro experto hable y se exprese con total libertad, es decir, que no debemos olvidar que quien debe extenderse es el entrevistado, y el investigador escuchar. El guión es necesario para que la conversación no tome derroteros poco o nada productivos para el tema en cuestión, el menos en términos generales, pero hay que dejar esa opción de libre expresión que nos va a aportar datos de gran interés y que previamente no habíamos planificado averiguar.

En segundo lugar debemos escoger a la persona adecuada. Y esta persona no siempre es la que figura como máximo responsable de una empresa o una organización. El experto en determinados temas en muchas ocasiones es un personaje que no figura en los directorios pero que lleva mucho tiempo realizando un trabajo minucioso y esencial entre bastidores.

Por ejemplo

Si yo deseara informarme sobre los materiales y maquinaria utilizados en un montaje teatral determinado porque deseo constituir una empresa de arquitectura efímera y eventos ¿A quien preguntaría, al Director de la obra teatral o al tramoyista?.

Evidentemente el director dispondrá de mucha información sobre el tema y además tendrá importantes razones artísticas para haber escogido tal o cual elemento para el decorado, pero el tramoyista es el que lo maneja a diario, y si es veterano no sólo habrá participado en el montaje de esa obra sino en la de muchas otras con distintas visiones por parte distintos directores. Habrá manejado infinidad de materiales de diversa índole y habrá conocido maquinarias de diferente composición y eficacia.

Pero además existe otro factor. Posiblemente el director de la obra sea un individuo tremendamente ocupado en sus quehaceres de ensayo, corrección, entrevistas con los medios de comunicación, con los productores, autoridades, etc. En cambio el tramoyista podemos presuponer que una vez terminado su trabajo en el teatro no estará demasiado ocupado en conceder entrevistas.

Esto es un ejemplo de los muchos que podríamos poner. En cualquier caso, para filtrar subjetividades conviene entrevistar a diferentes expertos, situados en diferentes niveles de la actividad, sobre un mismo tema. La suma de sus opiniones nos aportará una información de excelente calidad.

Tampoco hay que olvidar que este tipo de averiguaciones no siempre resultan totalmente gratuitas, salvo que exista una cierta amistad con el entrevistado o una voluntad de colaboración importante por parte del mismo. Los profesionales del Estudio de mercado, en muchos casos se dirigen a responsables cualificados que, debido a que tienen su tiempo tremendamente ocupado, conviene compensarles el que les vamos a solicitar con algún tipo de regalo, invitación, o incluso en ciertos casos se acuerda previamente una compensación económica, aunque no suele ser lo más frecuente.

En cualquier caso hay que estar dispuesto a realizar una oferta, como mínimo en forma de invitación para que sea aceptada nuestra solicitud con mayor facilidad. Y por supuesto, dicha invitación u obsequio deben estar en consonancia con el nivel de responsabilidad y/o categoría que ostenta el experto a entrevistar.

Como método más eficaz para encontrar a los expertos más adecuados, si no tenemos referencias al respecto, lo mejor es dirigirse a un representante de alguna organización empresarial del sector, observatorio, asociación, etc. Además de que podemos estar tomando contacto con la persona adecuada, si ésta no lo fuera o tuviera problemas de agenda para dedicarnos su tiempo, seguramente podrá remitirnos a alguien que nos resultará perfectamente válido para nuestros objetivos.

Por último añadir que una entrevista de este tipo, bien planificada y conducida por nosotros, puede durar entre 30 minutos y una hora, aunque a veces puede llegar a más. Esto depende de la envergadura del problema a tratar y del grado de cordialidad que se establezca durante la conversación.

Ni que decir tiene que para usar este tipo de técnica hay que tener en cuenta enormemente el factor humano, la empatía, la ruptura de hielo inicial, y en general seguir todas aquellas normas que se utilizan en las técnicas de comunicación personal.

V.2.2.3.- REUNIONES EN GRUPO.

Esta técnica es la menos recomendable para ser usada por alguien no especializado. En seguida veremos la razón.

La técnica consiste básicamente en reunir a un grupo de personas, preferiblemente que no se conozcan entre ellas, y que estén más o menos implicadas en el tema a tratar.

Existen diferentes metodologías, pero la más frecuente es la denominada "Focus Group". Consiste en reunir un número mínimo de 5 a 7 personas y un máximo de 10, con un moderador, el cual debe ser un experto en conducir este tipo de reuniones, además de haberse documentado previamente sobre el asunto a tratar.

Debe contarse también con un guión preferentemente abierto, pero teniendo en cuenta que lo más importante es que los reunidos hablen libremente del tema a tratar y que además lo hagan entre ellos, por supuesto sin desviarse del tema central más de lo necesario. Para conseguirlo existen métodos que el moderador debe conocer y dominar en su ejecución y que aquí no vamos a describir porque requiere, entre otros elementos, de una formación específica y un entrenamiento previo por parte del técnico que conduce la reunión.

El análisis de resultados también requiere de cierta especialización para que las interpretaciones sean correctas. Actualmente se procede incluso a grabar con videocámara dichas reuniones, siempre que lo autoricen los participantes y sea técnicamente posible, con el fin de que el análisis posterior sea mucho más completo y eficaz.

Como se puede deducir de todo lo dicho hasta ahora, estas acciones suponen un coste importante en despliegue de medios y de profesionales, además del importe económico del obsequio, invitación, o remuneración en efectivo, que como en el caso de las entrevistas a expertos, se debe efectuar a los participantes, obsequio cuyo valor también deberá ser acorde con su categoría profesional, social, o nivel de responsabilidad. Pero en esta ocasión dicho importe deberemos multiplicarlo por 5 o por 7.

Por todo esto no vamos a profundizar en este tipo de técnicas, además de no recomendar su uso, de entrada, a nuestro emprendedor novel.

Sin embargo hemos comentado someramente su funcionamiento con el fin de que sepa en qué consiste, puesto que a nivel profesional sí que se utilizan con frecuencia en los estudios de mercado por ser de una gran eficacia en cuanto a obtención de datos relativos a actitudes, predisposición, umbral de precio percibido por el cliente, objeciones reales, necesidades latentes de los consumidores y usuarios, entre otras informaciones de interés.

V.2.3.- CONCLUSIONES.

Hemos visto que de las tres técnicas cualitativas descritas, dos de ellas son utilizables, siempre con la prudencia que habitualmente venimos aconsejando, por un no-profesional en la materia y otra es más bien desaconsejable, de entrada.

En este sentido, y recopilando todo lo expuesto sobre las diferentes técnicas de investigación en el este manual, nuestra propuesta es la siguiente:

Probar en primer lugar con la OBSERVACIÓN DIRECTA, de forma planificada en cuanto a lugares y momentos, diseñar una plantilla de factores a observar basada en los objetivos que indicamos al explicar esta técnica, siguiendo el sistema que allí mismo indicábamos. Anotar lo antes posible los resultados de nuestras observaciones y posteriormente, con tranquilidad, tratar de emitir algunas conclusiones, anotándolas por escrito.

Tratar de obtener algunas ENTREVISTAS EN PROFUNDIDAD con expertos que se presten de buen grado a colaborar con nosotros y que sean tolerantes con nuestra falta de habilidad. Diseñar previamente una plantilla con 4 ó 5 preguntas genéricas abiertas y dejar que el entrevistado se exprese libremente.

Tomar algunas notas clave sobre la marcha, sin extenderse demasiado tiempo en anotaciones, y una vez terminada la entrevista, dejando pasar el menor tiempo posible para evitar que se nos olviden cuestiones de interés, escribir un breve resumen con las informaciones más importantes que hayamos obtenido.

Debido a que las técnicas cuantitativas, es decir, las encuestas y los paneles, no están de momento a nuestro alcance por razones técnicas y de coste, por lo menos las que se diseñan y ejecutan por encargo, trataremos de encontrar ese tipo de información en estudios específicos y sectoriales ya preparados.

En este sentido indagaremos en Cámaras de Comercio, Asociaciones de Empresarios sectoriales, Colegios profesionales, Organizaciones gremiales y Observatorios. También podemos usar datos procedentes de otros Organismos privados y públicos de los que poco a poco van incorporando sus Estudios al dominio público. Al hacer esto, estaremos utilizando fuentes de datos primarias externas.

También, al tiempo que analizamos los resultados de esos estudios específicos, prestaremos atención a otras secciones de los mismos que si son de una calidad aceptable deben de contener, como son informes cualitativos, opiniones de expertos, análisis DAFO, conclusiones de los analistas, etc.

De esta forma estaremos complementando nuestros datos iniciales, y podremos empezar a contrastarlos con las nuevas informaciones.

A continuación recurriremos a FUENTES DE DATOS SECUNDARIAS, las cuales casi siempre son externas, debido a que las informaciones provienen de estadísticas llevadas a cabo por Instituciones o por Organismos con un gran nivel de medios a su alcance y potentes bases de datos, como son el INE, las Comunidades Autónomas, Diputaciones Provinciales, SEPECAM, ciertos Departamentos ministeriales y algunos otros Organismos Públicos.

También existen fuentes de datos muy interesantes recopiladas y tratadas para optimizar su manejo por entidades privadas, como son los servicios de estudios de Caja Castilla-La Mancha, La Caixa o el del BBVA.

Los datos obtenidos por este medio son genéricos, raramente contendrán informaciones específicas detalladas sobre nuestro sector o nuestro tema analizar, pero poseen tal abundancia y extensión de datos, que debidamente seleccionados de acuerdo a nuestros intereses nos aportarán informaciones de gran importancia para nuestro Estudio particular, tal como veíamos en los ejemplos del capítulo dedicado a las fuentes de datos de este manual.

Llegados a este punto podemos asegurar que una información privilegiada, seleccionada, y razonablemente bien estructurada se encuentra en manos del emprendedor. Ahora se trata de revisar los datos con calma, reflexionar con serenidad sobre los mismos, cruzar, contrastar, y evaluar informaciones, y en definitiva tratar de llegar a conclusiones realistas, siempre presididas por el sentido común, que como ya sabemos debe estar presente durante en todo el proceso.

En ese momento, si hemos actuado con método y con inteligencia, tendremos a nuestra disposición un recurso de consulta de una gran fiabilidad para la toma de decisiones. Y aunque no existen premoniciones infalibles, podemos asegurar que si nos dejamos orientar por las conclusiones obtenidas en nuestro estudio, las probabilidades de tener éxito al iniciar nuestra aventura empresarial, serán muy elevadas en comparación con las que hubiéramos partido si tan sólo nos hubiéramos basado en nuestro instinto profesional. Esto es algo sobradamente probado y demostrado.

No obstante, no nos olvidemos de que en ese éxito también influirán decisivamente factores como la correcta planificación de nuestra empresa, la calidad de nuestra gestión, nuestro plan comercial, nuestro plan de marketing, y otros elementos que no son objetos de este manual pero de los que existe también interesante y asequible información, tanto en organismos públicos como privados.

Antes de terminar este capítulo, sólo nos queda señalar al emprendedor, los últimos pasos para terminar su estudio de mercado:

- Elegir la muestra: número y tipo de personas que van a participar en el estudio (Ver punto "elección de la muestra").
- Pensar, entre las técnicas estudiadas, cuál es la que más se adapta al problema objeto de estudio (cuantitativa, cualitativa o ambas).
- Recoger la información, tabular e interpretar los datos.
- Realizar un informe final y, por último, tomar la decisión mas adecuada en base a los mismos.

VI.- ESQUEMA DE ELABORACIÓN DEL ESTUDIO DE MERCADO.

DEFINICIÓN DEL PROBLEMA

- Qué queremos estudiar
- Cuál es nuestro propósito
- Qué queremos conocer

ANÁLISIS PREVIO DE LA SITUACIÓN

- Interna
- Externa

ANÁLISIS DAFO

DEFINICIÓN DE OBJETIVOS

- Qué queremos conseguir
- Objetivos: Claros, realistas y concisos

ANÁLISIS DE LA INFORMACIÓN DISPONIBLE

- Fuentes Internas
- Fuentes Externas

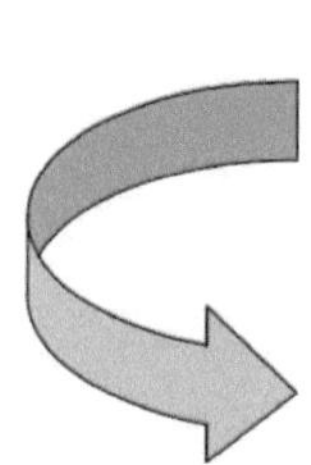

ELECCIÓN DE LA MUESTRA

- Público Objetivo

ELECCIÓN DE LAS TÉCNICAS DE ESTUDIO

- Cuantitativas, cualitativas,...

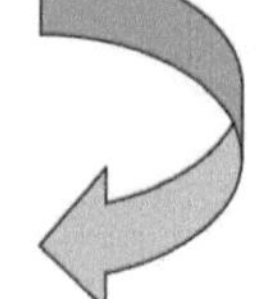

RECOGIDA, ELABORACIÓN E INTERPRETACIÓN DE LOS DATOS

INFORME FINAL Y PRESENTACIÓN DE CONCLUSIONES

VII.- DOCE REGLAS DE ORO.

1.- Tenga presente su intuición y su experiencia profesionales, pero no se deje guiar sólo por ellas.

2.- Procure, al menos en los comienzos, documentarse el máximo posible sobre la problemática del sector, tanto a nivel local como regional y nacional, o incluso en los casos en que se vea conveniente, a nivel internacional.

3.- Esté atento a todas las noticias e informaciones que se publiquen sobre su sector profesional. Si encuentra algo interesante relacionado con el mismo, tome nota, o cópielo y guarde la información.

4.- Procure utilizar Internet. Es el medio más económico y actualmente está bastante bien dotado de información.

5.- Procure asesorarse en los Organismos competentes. Visite el CEEI, la Cámara de Comercio u otros organismos. Encontrará apoyo y asesoramiento.

6.- Contacte con los responsables de Asociaciones sectoriales, profesionales, empresariales, etc. relacionadas con su sector de actividad. Le aportarán información muy valiosa.

7.- Trate de localizar estudios realizados sobre el tema que le ocupa. Hay mucha más información de la que parece, lo que ocurre es que no siempre está a la vista.

8.- Siempre que lleve a cabo una acción de búsqueda de información mediante técnicas cualitativas, procure prepararse y planificar muy bien el proceso. Cuanto mejor lo prepare más efectiva será la acción que usted lleve a cabo y obtendrá más información y de mejor calidad con menos esfuerzo.

9.- Cada vez que encuentre un dato o una información de interés, regístrela, clasifíquela, y archívela adecuadamente.

10.- Converse siempre que pueda con empresarios y/o técnicos veteranos de su sector de actividad. Aprenderá mucho de ellos.

11.- Procure utilizar el sentido común a la hora de extraer conclusiones, y espere a tener una buena cantidad de información contrastable para hacerlo. Y recuerde que, mientras no exista una verificación profesional de su Estudio o una cierta práctica por su parte, le recomendamos que lo utilice sobre todo como elemento orientativo.

12.- Una vez que haya realizado todos los pasos que le sugerimos y que se encuentre en condiciones de redactar un informe con sus propias conclusiones, hágalo de la forma más clara posible y, si tiene ocasión, procure mostrárselo y comentarlo con algún profesional cualificado.

VIII.- RELACIÓN DE FUENTES SECUNDARIAS.

Algunas de las fuentes secundarias más importantes se pueden localizar en las siguientes direcciones de Internet:

INSTITUTO NACIONAL DE ESTADISTICA

http://www.ine.es

JUNTA DE COMUNIDADES DE CASTILLA-LA MANCHA

http://www.jccm.es

SERVICIO PÚBLICO DE EMPLEO DE CASTILLA-LA MANCHA (SEPECAM)

http://www.sepecam/jccm.es

MINISTERIO DE ECONOMIA

http://www.mineco.es

MINISTERIO DE INDUSTRIA Y ENERGIA

http://www.min.es

MINISTERIO DE HACIENDA

http://www.minhac.es

MINISTERIO DE CIENCIA Y TECNOLOGÍA

http://www.mcyt.es

MINISTERIO DE TRABAJO Y ASUNTOS SOCIALES

http://www.mtas.es

INSTITUTO DE COMERCIO EXTERIOR

http://www.icex.es

INSTITUTO NACIONAL DE EMPLEO

http://www.inem.es

CONSEJO SUPERIOR DE CAMARAS DE COMERCIO

http://www.cscamaras.es

CAMARAS DE COMERCIO E INDUSTRIA DE CIUDAD REAL

http://www.camaracr.org

CAMERDATA

http://www.camerdata.es

DIPUTACIÓN PROVINCIAL DE CIUDAD REAL

http://www.dipucr.es

INFORME ANUAL DE CAJA CASTILLA-LA MANCHA (CCM CORPORACIÓN)

http://www.ccm.es/corporacion

SERVICIOS DE ESTUDIOS DE LA CAIXA

http://www.estudios.lacaixa.es

SERVICIO DE ESTUDIOS DEL BBVA

https://ws1.grupobbva.com/BBVA

IX.- GLOSARIO DE TÉRMINOS.

NOTA PRELIMINAR

Aunque existe más de una definición para muchos de los términos que vamos a utilizar, la variación depende sólo de la forma de describir el mismo concepto, o desde qué plano o autor se emita la descripción. La idea fundamental es la misma en cualquier caso. En el presente glosario no se incluyen términos estadísticos, sino conceptos genéricos.

En este glosario no hemos considerado conveniente la inclusión de demasiados términos, sino tan sólo algunos muy específicos que aparecen con determinada frecuencia y/o en exposiciones de especial interés.

La mayoría de los términos que podrían resultar más desconocidos ya vienen convenientemente explicados en su capítulo correspondiente, ya que además hemos tratado de evitar en la medida de lo posible la incorporación aquellos que no se corresponden con el nivel de iniciación pretendido por este manual..

MARKETING

Concepto genérico que comprende cualquier actividad, disposición y recurso, que tiene por objeto explorar y probar, entender y "transformar" con un meta, un "mercado", es decir un (posible) ámbito de consumo o influencia. En sentido más estricto todo marketing se propone la tarea de mantener y extender mercados de consumo existentes para productos o servicios, así como la de crear nuevos mercados. La política de consumo, la investigación de mercado, la política de productos y precios, las relaciones públicas, el fomento de las ventas y la publicidad se encuadran en la estructuración activa del mercado.

MERCADO

Conjunto de acciones comerciales que se llevan a cabo en un entorno geográfico concreto, y en un espacio de tiempo determinado.

PRODUCTO-MARCA

Es el nombre genérico del producto, acompañado de su nombre comercial o de fabricante (Ejemplo: producto DENTÍFRICO marca BLANQUIDENT)

MERCADO DE REFERENCIA

Es el mercado correspondiente para un producto-marca determinado, es decir, el entorno geográfico y competitivo donde se comercializa.

MERCADO POTENCIAL

Es el conjunto de ventas que se llevarían a cabo en el supuesto de que todos los clientes potenciales de un producto adquiriesen el mismo.

SATURACION DEL MERCADO

Se dice que un mercado está muy saturado o que es poco expansible cuando un porcentaje elevado de los clientes potenciales del mismo son usuarios o clientes de hecho del producto en cuestión.

PENETRACION EN EL MERCADO

Es el número de clientes de nuestra empresa sobre la totalidad del mercado potencial. Se expresa en porcentaje.

CLIENTES POTENCIALES

Son aquellos cuyas características personales (incluimos las personalidades físicas y jurídicas), necesidades latentes o manifiestas, y capacidad económica, les convierte en posibles usuarios, compradores, o clientes del producto en cuestión en el entorno geográfico donde éste se comercializa.

DEMANDA GLOBAL DE UN PRODUCTO

Es el conjunto de unidades de un producto que se comercializan en un mercado concreto. A veces el dato se aporta referido a volumen de facturación.

CUOTA DE MERCADO

Número de clientes de una empresa sobre el total de clientes del mismo producto en el conjunto del mercado de referencia de dicha empresa. También se puede medir en unidades de producto o en volumen de facturación. Se expresa en porcentaje.

PUBLICO OBJETIVO

También denominado Target Group. Es el conjunto de individuos que reúnen las características que coinciden con las que hemos determinado en nuestras variables de segmentación. El concepto es similar al de CLIENTES POTENCIALES, pero el Target se usa principalmente cuando nos referimos al grupo a efectos de acciones de marketing como publicidad.

VARIABLES DE SEGMENTACION

Son aquellos factores que vamos a considerar para segmentar o seleccionar al público objetivo. Pueden ser una o más, aunque lo más frecuente es que se utilicen 3 ó 4 variables. Algunas de ellas son: edad, sexo, nivel económico, ubicación geográfica.

SEGMENTACION DE MERCADOS

Es el hecho de aplicar a la totalidad del Universo a estudiar una serie de variables para determinar un conjunto homogéneo respecto a las mismas.

NICHO DE MERCADO

Es el resultado de dividir o segmentar el mercado mediante algunas variables, creando así una segmentación lo más homogénea, concentrada y especializada posible.

UNIVERSO

Es el conjunto total de la población que vamos a estudiar. Normalmente se basa en el que determinada el mercado de referencia de un producto-marca.

MUESTRA SIGNIFICATIVA

Es la selección aleatoria que se realiza sobre el universo a estudiar con para que sea representativa de la totalidad del mismo, y por ello tiene que tener un determinado tamaño y se tiene que obtener mediante unas técnicas específicas que permitan que la elección de los elementos se haga de forma aleatoria.

PLAN DE MARKETING

Estrategia que se diseña para el mantenimiento y o lanzamiento al mercado de un producto o servicio. Se utiliza la combinación adecuada de las políticas de marketing; Producto, Distribución, Promoción, y Precio. Cuando se va a iniciar una actividad, cuando existe alguna situación no deseada en la respuesta del mercado, cuando se va a emprender una acción novedosa, o cuando se desea llevar a cabo un proceso de cambio o expansión, conviene que el plan de marketing vaya precedido de un estudio de mercado.

FUENTES DE DATOS

Lugares, organismos públicos o privados, empresas, instituciones, Fundaciones, o cualquier otro ente donde podamos dirigirnos en persona, por correo, teléfono o Internet con el fin de obtener datos elaborados o recopilados.

ENCUESTA AD HOC

Encuesta diseñada a la medida de una necesidad de investigación. Las llevan a cabo empresas especializadas, por regla general suponen un alto coste. A cambio proporcionan información muy fiable sobre un problema o asunto concreto.

ENCUESTA OMNIBUS

Es una encuesta genérica que se utiliza para averiguar datos diversos sobre uno o varios temas, aunque en este caso suelen estar relacionados. Al compartirse los recursos, suelen suponer un coste mucho más barato que la ad hoc para quien utiliza sus resultados. No tocan ningún asunto en profundidad, pero si incluye preguntas sobre el tema que interesa, proporcionan una información interesante.

FOCUS GROUP

Uno de los métodos utilizados en la investigación del tipo cualitativo y dentro de las reuniones de grupos. Es el más utilizado sobre todo en Estudios de Mercado.

MARKETING MIX

Es el proceso de planificación y ejecución de la concepción, fijación del precio, promoción y distribución de ideas, bienes y servicios para crear intercambios que satisfagan los objetivos de los individuos y de las organizaciones.

X.- BIBLIOGRAFÍA RECOMENDADA.

Esteban Talaya, Águeda (1996): Principios de Marketing, Editorial ESIC.

Kotler, Philip (2000): Dirección de Marketing, Editorial Prentice Hall.

Lambin, Jean-Jacques (1997): Marketing Estratégico, Editorial McGraw-Hill.

Martín Armario, Enrique (1993): Marketing, Editorial Ariel.

Santesmases Mestre, Miguel (1999): Marketing. Conceptos y Estrategias, Editorial Pirámide.

Kotler P (1995) Dirección de marketing. Prentice-Hall.. 8ª Edición.

Bello, L.; Vázquez, R. y Trespalacios, J.A. (1993): Investigación de mercados y estrategias de marketing. Ed. Cívitas. Madrid.

Grande, I. y Abascal, E. (2000): Fundamentos y técnicas de investigación comercial. Ed. Esic. Madrid.

Grande, I. y Abascal, E. (1994): Aplicaciones de investigación comercial. Ed. Esic, Madrid.

Kinnear, Th.C. y Taylor, J.R. (1993): Investigación de mercados. Un enfoque aplicado. McGraw-Hill. Colombia.

www.ingramcontent.com/pod-product-compliance
Ingram Content Group UK Ltd.
Pitfield, Milton Keynes, MK11 3LW, UK
UKHW040557210726
13854UKWH00007B/1375

9 781365 922855